ŒUVRES & THÈMES

Collection dirigée
par Hélène Potelet et Georges Décote

Méduse
et autres légendes de monstres

à partir de récits de Nathaniel Hawthorne, rassemblés dans
Le premier livre des merveilles,
Le second livre des merveilles,
traduction de Pierre Leiris
© éditions Pocket Jeunesse, département d'Univers Poche

Dossier thématique
La figure du dr

Michelle Busseron-Coupel
agrégée de lettres classiques

© Hatier
Paris 2018
ISBN 978-2-401-04581-1
ISSN 01840851

SOMMAIRE

LES REPÈRES CLÉS — 4
AVANT DE COMMENCER — 6

Méduse
et autres légendes de monstres

TEXTE 1	La tête de la Gorgone	12
TEXTE 2	La Chimère	31
TEXTE 3	Le Minotaure (1)	49
TEXTE 4	Le Minotaure (2)	59
TEXTE 5	La Toison d'Or (1)	77
TEXTE 6	La Toison d'Or (2)	93

CARNET DE LECTURE

QUESTIONS SUR LE…

TEXTE 1	27	TEXTE 4	73
TEXTE 2	45	TEXTE 5	91
TEXTE 3	57	TEXTE 6	109

BILAN DE LECTURE — 113

DOSSIER : LA FIGURE DU DRAGON

LE DRAGON, UNE CRÉATURE LÉGENDAIRE : REPÈRES

▶ Les origines du mythe — 116
▶ Les représentations — 116

LE DRAGON DANS LA MYTHOLOGIE GRÉCO-LATINE

▶ Les dragons gardiens — 117
▶ Les dragons symboles du chaos — 118
▶ Les dragons serviteurs — 119

LE DRAGON DANS LES LÉGENDES NORDIQUES ET GERMANIQUES

▶ Les dragons gardiens de trésors — 120
▶ Le dragon de la fin du monde — 121

LE DRAGON DANS LES LÉGENDES MÉDIÉVALES

▶ Les dragons faiseurs de héros — 122
▶ Le dragon incarnation de Satan — 122

LE DRAGON DANS LES LÉGENDES CHINOISES

▶ Les dragons protecteurs des hommes — 124

GODZILLA, UN MONSTRE MODERNE

▶ Création, étymologie et représentation — 126
▶ Un monstre ambigu — 126
▶ Deux films emblématiques — 127

INDEX — 128

LES REPÈRES CLÉS

L'origine des récits mythologiques...

- La **mythologie grecque** (du grec *muthos* « récit » et *logos* « discours ») est l'ensemble des légendes qui fondent la religion de la Grèce antique. Ces légendes familières à tous les anciens Grecs se sont probablement développées à partir des croyances primitives du peuple de **Crète**, la plus grande des îles de la mer Égée (voir carte, p. 9), qui connut une civilisation florissante vers 2000 avant Jésus-Christ.

- Ces légendes racontent les histoires tumultueuses des **dieux** et des **hommes** et glorifient les **exploits de héros** tels Thésée, Jason, Persée et Bellérophon qui ont affronté et vaincu des **créatures monstrueuses** : le Minotaure, l'horrible dragon gardien de la Toison d'Or, Méduse, Chimère.

- Elles sont ancrées dans des **lieux géographiques** existants et permettent aux Grecs de donner sens à l'histoire de leur cité et de leur pays : Thésée est ainsi célébré comme le héros d'Athènes (voir carte, p. 9).

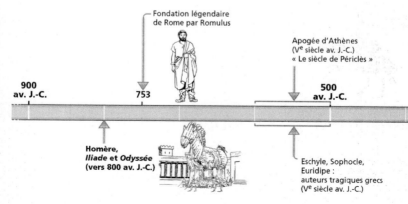

... et leur transmission

- **Homère** (viiie s. av. J.-C.), à travers *L'Iliade* et *L'Odyssée*, montre comment les dieux grecs interviennent dans les affaires humaines et transmet de nombreuses légendes.
- **Pindare** (518-438 av. J.-C.), dans ses poèmes composés en l'honneur des vainqueurs des jeux grecs, raconte des légendes célèbres, comme l'histoire de Bellérophon.
- Au ve siècle avant Jésus-Christ, les auteurs de tragédies, **Eschyle**, **Sophocle** et **Euripide**, s'inspirent de la mythologie. Ainsi Thésée apparaît dans *Hippolyte* d'Euripide.
- Le poète **Apollonios de Rhodes** (iiie s. av. J.-C.) relate dans *Les Argonautiques* les exploits de Jason.
- La source principale des légendes reste la ***Bibliothèque***, vaste recueil de mythologie, composé par un auteur inconnu entre le ier et le iiie siècle après Jésus-Christ.
- Enfin, le poète latin **Ovide** (43 av. J.-C.- 17 apr. J.-C.) a réuni l'ensemble des mythes grecs et latins dans *Les Métamorphoses*.

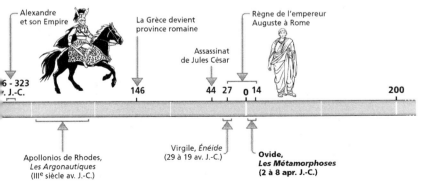

AVANT DE COMMENCER

Dieux, héros et monstres

Les dieux

▶ Dotés de pouvoirs surnaturels et immortels, les principaux dieux grecs vivent sur l'Olympe, la plus haute montagne de Grèce. Ce sont presque tous des descendants de Gaïa (la Terre) et d'Ouranos (le Ciel). Voici les dieux qui jouent un rôle dans les *Livres des Merveilles*.

Zeus (Jupiter)	Maître des dieux, il règne sur le ciel et la terre ; marié à la déesse Héra, il s'unit souvent à d'autres déesses ou à des mortelles. Ses attributs sont le sceptre, la foudre et l'aigle, ainsi que le chêne.
Héra (Junon)	Épouse de Zeus et reine des dieux, elle est la déesse des mariages ; le paon lui est associé ; son fruit est la grenade.
Poséidon (Neptune)	Frère de Zeus, il est le dieu de la mer et des tremblements de terre ; il est armé du trident.
Athéna (Minerve)	Fille de Zeus, elle est sortie tout armée de sa tête ; c'est la déesse de la sagesse. Ses attributs sont l'olivier, la chouette et l'égide (cuirasse faite en peau de chèvre, ornée de la tête de la Gorgone).
Hermès (Mercure)	Fils de Zeus et de la nymphe Maia, il est le messager des dieux ; c'est le dieu de l'éloquence et de la ruse. Vêtu d'une cape et d'un chapeau, il porte des sandales ailées et tient à la main un bâton orné de deux serpents, le caducée.

Les héros

▶ Le **héros antique** est le plus souvent un **demi-dieu** né de l'union d'une divinité et d'un être humain : c'est le cas de **Persée**, fils de Zeus (Jupiter) et de la princesse Danaé ; Poséidon (Neptune) passe pour le père de **Bellérophon**. Mais le héros peut être aussi un **mortel, souvent de naissance royale** : **Thésée** est le fils du roi d'Athènes, Égée, et de la princesse Ethra ; **Jason** est le fils du roi d'Iolchos, Aeson.

▶ Quelle que soit leur naissance, les héros se distinguent par des **qualités exceptionnelles**, physiques (force, adresse, rapidité...) et morales (intelligence, courage, respect des dieux, ruse...).

▶ En affrontant les monstres, les héros aident les dieux à organiser et civiliser le monde.

Les monstres

▶ Le mot « monstre » vient du latin *monstrum* qui désigne un fait prodigieux ou tout ce qui sort de la nature. Dans la mythologie grecque, les monstres sont des **créatures légendaires**, souvent engendrées par la déesse-Terre, Gaïa. D'une taille et d'une force extraordinaires, ils sont composés d'éléments appartenant à **différentes espèces animales ou humaines** : le Sphinx, par exemple, a la figure d'une femme, le corps, les pattes et la queue d'un lion, ainsi que des ailes.

▶ À de rares exceptions près, les monstres sont des êtres horribles et terrifiants, à l'aspect féroce. Ils représentent le chaos, l'état primitif et inorganisé du monde ; ils symbolisent les **forces du mal** que le héros doit expulser du monde.

▶ Les combats contre les monstres constituent une **épreuve qualifiante** pour les héros et un ressort puissant pour le récit de leurs aventures.

AVANT DE COMMENCER

Les lieux des aventures

La Grèce est au cœur des légendes : les héros sont originaires de ses différentes régions. Mais pour terrasser les monstres, ils voyagent tout autour de la Méditerranée.

▶ *La tête de la Gorgone* :
– naissance de Persée à **Argos** (Péloponnèse) ;
– enfance dans l'**île de Sériphos** (archipel des Cyclades) ;
– combat contre Méduse dans une autre île de la Grèce ;
– combat contre le monstre marin pour délivrer Andromède en **Éthiopie** ;
– retour dans l'île de Sériphos.

▶ *La Chimère* :
– Pégase dompté par Bellérophon près de la Fontaine de Pirène, à **Corinthe** ;
– combat contre la Chimère en **Lycie**, pays d'Asie Mineure ;
– retour à la Fontaine de Pirène, en Grèce.

▶ *Le Minotaure* :
– enfance de Thésée à **Trézène** en Argolide (Grèce) ;
– arrivée et séjour à **Athènes** ;
– combat contre le Minotaure en **Crète** ;
– retour à Athènes.

▶ *La Toison d'Or* :
– naissance de Jason à **Iolchos**, en Thessalie (Grèce) ;
– enfance auprès de Chiron sur le **mont Pélion** en Thessalie ;
– arrivée à la cour du roi Pélias à Iolchos ; consultation de l'oracle de Zeus, à **Dodone** en Épire (Grèce) ;
– voyage des Argonautes jusqu'en Colchide : **île de Cyzique** dans l'Hellespont, la côte de **Thrace** ;
– épreuves en **Colchide**, au bord de la mer Noire ;
– retour à Iolchos.

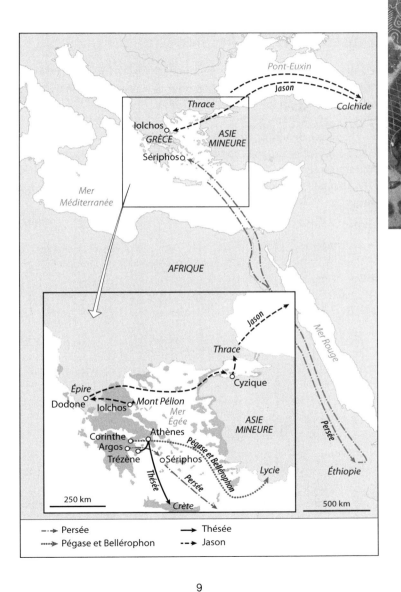

AVANT DE COMMENCER

L'auteur, Nathaniel Hawthorne

▶ Nathaniel Hawthorne est un auteur américain né à Salem en 1804 et mort dans le New Hampshire en 1864. Son roman le plus célèbre, *La Lettre écarlate*, paru en 1850, dénonce l'intolérance et l'hypocrisie de la société protestante des premiers temps de l'Amérique.

▶ À l'opposé de ses autres œuvres, les deux *Livres des Merveilles* (1852-1853) constituent une parenthèse lumineuse dans un monde noir et pessimiste. Il est vrai qu'ils ont été écrits pour ses enfants, Una et Julian, qu'il aimait tendrement, et l'auteur a pris plaisir à leur conter à sa façon les légendes mythologiques grecques.

Antoine-Louis Barye, *Thésée et le Minotaure* (1843), bronze, musée Bonnat-Helleu, Bayonne.

Méduse et autres légendes de monstres

MÉDUSE ET AUTRES LÉGENDES DE MONSTRES

TEXTE 1

La tête de la Gorgone

Il était une fois une princesse nommée Danaé. De méchantes gens[1] l'enfermèrent dans une boîte, avec son fils Persée[2] qui était encore tout enfant. La boîte fut poussée dans la mer, et vent et vagues l'eurent bientôt emportée au large. Danaé et Persée, ainsi ballottés dans le noir, et sans vivres, crurent qu'ils allaient mourir. Mais vers la fin du jour, la boîte parvint tout près de l'île de Sériphos[3] et se prit dans les filets d'un pêcheur qui délivra les malheureux.

Ce pêcheur était fort bon. Il recueillit les naufragés et leur donna asile pendant plus de dix ans. Persée devint un beau jeune homme plein de force et de courage et aussi habile à manier les armes qu'à lancer les filets. Car sa belle prestance[4] l'avait fait remarquer par le roi Polydecte, qui lui fit enseigner au palais l'art de l'épée.

Mais ce Polydecte était d'un naturel chagrin et méfiant. Dès qu'il vit Persée se distinguer d'une manière extraordinaire et surpasser tous ses compagnons, il craignit que ce jeune homme si doué ne se mît en tête de le détrôner et il résolut de le perdre. Il le fit donc appeler et lui dit :

– Persée, te voilà devenu un garçon accompli, et, à ce qu'on dit, le plus fort de tout mon royaume. Il serait

---

1. De méchantes gens : le roi d'Argos, Acrisios, fit enfermer dans un coffre et jeter à la mer sa fille Danaé et son enfant, car il lui avait été prédit qu'il serait détrôné par son petit-fils.
2. Le père de Persée est Jupiter (ou Zeus), le roi des dieux.
3. Sériphos : île grecque de la mer Égée, appartenant à l'archipel des Cyclades.
4. Prestance : allure imposante et distinguée.

LA TÊTE DE LA GORGONE

dommage de laisser chômer ton épée. En outre, je me permettrai de te rappeler que toi et ta mère avez quelques obligations aux habitants de cette île et à leur roi. Eh bien !
25 je te demanderai aujourd'hui de me rendre un petit service.

– Votre Majesté n'a qu'à commander, répondit Persée. Je serai trop heureux de risquer ma vie pour elle.

– Tu sais, reprit le roi, que je suis fiancé à la princesse Hippodamie. Je désire lui offrir un cadeau rare. Et, après
30 avoir longtemps cherché, j'ai enfin trouvé un objet digne d'elle et de moi.

– Puis-je avoir l'honneur d'aider Votre Majesté à se procurer cet objet ? demanda vivement Persée.

– Précisément, dit Polydecte. Il s'agit de la tête de la
35 Gorgone Méduse, avec sa chevelure de serpents.

Persée comprit que le roi voulait l'envoyer à la mort. Mais il répondit sans hésitation en le regardant dans les yeux :

– Je partirai demain matin.
40 Et, saluant le roi, il quitta le palais.

Il faut dire qu'il existait alors dans une autre île de la Grèce trois épouvantables monstres. C'étaient trois sœurs, sans doute échappées des enfers, car si elles avaient des visages de femme, leurs corps étaient d'un dragon. Par-
45 dessus le marché, au lieu de cheveux, elles avaient sur la tête des centaines de serpents qui se tordaient en tous sens. Couvertes d'écailles, armées d'immenses dents, de langues fourchues et de griffes d'airain[5], elles étaient

---

5. Airain : nom poétique du bronze, un alliage de cuivre et d'étain.

d'autant plus redoutables que, lorsqu'elles déployaient leurs ailes d'or, on en restait ébloui.

Mais ce n'était pas là ce qui, jusqu'alors, les avait rendues invincibles. Elles avaient une arme plus terrible encore. Nul n'ignorait en effet qu'il suffisait de les regarder, fût-ce une seconde, pour être pétrifié ; oui, littéralement changé en une statue de pierre, par l'horreur et l'effroi sans doute.

Voilà donc les monstres que Persée s'était engagé à combattre. Et il ne faut pas s'étonner s'il était à présent un peu songeur. Il avait eu la charité de ne point dire à sa mère ce qu'il allait entreprendre. Après s'être armé de son glaive et de son bouclier, il avait traversé à gué le détroit qui séparait l'île de la terre ferme, et là, assis sur la grève[6], il méditait tristement.

– Persée, pourquoi es-tu si soucieux ? dit une voix.

Fort surpris, car il se croyait seul en ce lieu écarté, il leva la tête et vit devant lui un étranger au regard vif et rusé qui avait un manteau flottant, un drôle de chapeau orné de deux petites ailes et, à la main, un singulier bâton contourné[7]. Rien de plus souple ni de plus dégagé que son allure. Rien de plus gai ni de plus engageant que sa physionomie[8], malgré la pointe de malice qui brillait dans ses yeux.

Persée se sentit tout de suite en sympathie avec l'étranger et répondit :

– Je rêve à une aventure que je veux tenter et qui n'est pas des plus faciles.

---

6. Grève : plage.
7. Bâton contourné : bâton qui n'est pas droit ; le caducée de Mercure.
8. Physionomie : visage.

– Voyons cela, dit l'étranger. Il m'est arrivé de tirer d'embarras pas mal de jeunes gens qui s'étaient empêtrés dans des situations fort critiques. On me donne beaucoup de noms, mais celui que j'aime le mieux est Vif-Argent[9].
Allons, explique tes difficultés à ton ami Vif-Argent.

Persée lui exposa la requête du roi et ne lui cacha pas sa perplexité[10] :

– Comment combattre ? conclut-il. Ou bien je ferme les yeux et je ne sais où frapper ; ou bien je les ouvre et je suis à l'instant changé en pierre.

– Tu ferais, il est vrai, une belle statue de marbre, répondit Vif-Argent en souriant, et ce serait là une façon commode de passer à la postérité[11]. Mais il me semble qu'il vaut mieux être un jeune homme bien vivant pendant quelques années qu'un bloc de marbre inanimé qui résiste aux siècles.

– C'est tout à fait mon avis, s'écria Persée, et sans doute aussi celui de ma mère. Mais encore une fois, comment combattre les yeux fermés ?

– Je crois pouvoir t'être utile, répondit Vif-Argent. Ma sœur aussi te viendra en aide. Si tu es aussi prudent que courageux et si tu suis ponctuellement nos conseils, je ne doute pas de ta victoire. Mais... commence par rendre ton bouclier assez poli[12] et assez brillant pour que l'on s'y voie comme dans un miroir.

---

9. Vif-Argent : ancien nom du mercure, métal argenté et fluide ; ici nom donné par le narrateur au dieu Mercure (ou Hermès).
10. Perplexité : embarras, difficulté à prendre une décision.
11. Passer à la postérité : être connu pour toujours.
12. Poli : lisse et brillant.

MÉDUSE ET AUTRES LÉGENDES DE MONSTRES

Persée ne fut pas peu surpris de cette recommandation, mais quelque chose lui disait que Vif-Argent en savait beaucoup plus long que lui, et il se mit à fourbir[13] son bouclier sans élever la moindre objection[14].

105 – Parfait, dit Vif-Argent quand le bouclier fut aussi resplendissant que la pleine lune. Et, détachant de son côté un petit glaive[15] recourbé, il en ceignit[16] Persée en lui disant : Laisse là ton glaive incommode. Cette courte lame coupe le fer et le bronze aussi aisément qu'un rameau[17].

110 Bien. Et maintenant, en route ! Il nous faut d'abord aller voir les trois vieilles femmes à cheveux gris[18] qui savent où se trouvent les Nymphes.

– Les trois vieilles femmes à cheveux gris ? Qui sont-elles, je vous prie ?

115 – De fort étranges vieilles dames, répondit Vif-Argent en riant. Figure-toi qu'elles n'ont qu'un œil et qu'une dent pour elles trois. Mais elles ne se montrent jamais qu'au crépuscule ou à la nuit tombée, et encore faut-il qu'il n'y ait pas clair de lune.

120 Persée trouva cela bien bizarre et se demanda pourquoi il importait de trouver trois vieilles femmes plutôt que de se mettre tout de suite en quête des Gorgones. Mais il ne souffla mot et suivit son guide.

Il s'aperçut que ce n'était pas chose facile, car Vif-Argent
125 fendait l'air comme s'il volait. À vrai dire, il volait bel et

---

13. Fourbir : faire briller un objet de métal en le frottant.
14. Élever une objection : s'opposer à une décision.
15. Glaive : épée.

16. Ceignit : entoura (du verbe ceindre).
17. Rameau : petite branche.
18. Trois femmes à cheveux gris : les « Grées », c'est-à-dire les « vieilles » en grec.

bien, car on voyait s'agiter les ailes de son chapeau et aussi deux autres petites ailes que Persée n'avait pas remarquées tout d'abord, et qui ornaient ses sandales.

– Tiens, lui dit enfin Vif-Argent en lui tendant son étrange bâton contourné. Avec ceci, tu marcheras sans fatigue.

Et, en effet, le bâton semblait animé d'une vie singulière : dès que Persée l'eut en main, il en fut comme entraîné et se mit à courir ou à voler sans efforts au côté de son compagnon.

Celui-ci l'émerveilla par le récit de mille aventures dont il s'était tiré le mieux du monde grâce à son esprit inventif, et Persée commença à le regarder comme un personnage tout à fait extraordinaire. Puis, se rappelant que Vif-Argent avait fait mention d'une sœur, il l'interrogea à son sujet.

– C'est une personne grave et prudente qui ne sourit jamais, lui répondit le guide ailé, et qui n'ouvre la bouche que pour dire des paroles profondes. Comme tu le vois, son caractère est bien différent du mien. Elle connaît tous les arts et toutes les sciences et bien des gens l'appellent la Sagesse. Mais voici l'heure et le lieu où nous pouvons rencontrer les trois femmes aux cheveux gris. Prends garde qu'elles ne t'aperçoivent avec cet œil unique qu'elles se passent tour à tour.

Ils étaient parvenus dans un endroit sauvage et broussailleux, d'un aspect fort désolé, du moins autant que Persée pouvait en juger, car il faisait déjà presque nuit.

– Les voici ! dit Vif-Argent à voix basse. Cache-toi là.

MÉDUSE ET AUTRES LÉGENDES DE MONSTRES

155 Persée regarda de tous ses yeux dans l'ombre et finit par distinguer trois vieilles femmes qui s'avançaient en boitillant vers le buisson où ils s'étaient blottis. Oui, trois vieilles femmes avec de longs cheveux gris. Et quand elles furent plus proches, il vit que deux d'entre elles avaient au milieu
160 du front un trou vide, mais la troisième un œil grand ouvert qui étincelait comme un diamant. Cet œil tournait de droite et de gauche et semblait percer l'épaisseur des taillis.

Bientôt nos deux compagnons entendirent la voix des vieilles :
165 – Sœur Infernale, disait l'une d'elles, il y a fort longtemps que vous avez l'œil. Passez-le-moi, s'il vous plaît.

– Encore un petit moment, Satanite, répondit Infernale. J'ai cru voir remuer derrière un buisson.

– Et quand cela serait ? reprit la première. Ne suis-je pas
170 capable, aussi bien que vous, de reconnaître un danger ? Donnez-moi l'œil, vous dis-je.

– Non pas ! c'est à mon tour de voir, s'écria la troisième, et vous le savez aussi bien que moi.

La discussion s'envenima. Pour terminer la querelle,
175 Satanite retira l'œil de son front et le présenta à ses sœurs.

– Allons, dit-elle, prenez-le. Après tout, je ne suis pas fâchée de me reposer un peu la vue dans le noir.

Et comme ses deux sœurs tâtonnaient en vain, elle reprit :
180 – Que vous êtes donc maladroites ! Peu importe que ce soit vous qui ayez l'œil, Satanite, ou vous, Branlante, mais ne restons pas toutes trois aveugles ! C'est on ne peut plus imprudent.

Ici, Vif-Argent chuchota quelque chose à l'oreille de Persée. Aussitôt celui-ci bondit, prit l'œil dans la main d'Infernale et dit :

– Mesdames, ne cherchez pas plus longtemps : c'est moi qui ai l'honneur de tenir votre superbe œil.

– Notre œil ! Notre œil ! Notre œil ! hurlèrent les trois sœurs. Qui donc êtes-vous ? Rendez-nous notre œil !

Elles semblaient horrifiées, et c'était bien naturel, de savoir leur unique œil aux mains d'un inconnu.

– Mesdames, répondit Persée en suivant les conseils que Vif-Argent lui avait donnés derrière le buisson, ne vous alarmez pas. Je ne suis point un méchant homme et je vous rendrai votre œil intact si vous m'apprenez où demeurent les Nymphes[19].

– Les Nymphes, grands dieux ! dit Satanite. Nous ne sommes que trois pauvres vieilles femmes. Que saurions-nous des Nymphes ?

– Les unes habitent dans les bois, les autres dans les rivières, voilà tout ce que je puis vous dire, et encore je ne fais que répéter ce qu'on m'a conté, dit Infernale.

– Jamais nous ne les avons rencontrées, dit Branlante. Je ne suis même pas sûre qu'il y en ait dans le pays.

Ce disant, elles sautaient de tous côtés en étendant les bras pour essayer de se saisir de Persée ; mais celui-ci prenait bien garde de rester hors de leur atteinte.

– Mes respectables dames, dit-il, répétant ce que Vif-Argent lui soufflait, c'est dommage pour vous que vous ne

---

19. Nymphes : divinités secondaires associées aux rivières, arbres, montagnes.

vouliez pas me donner des indications plus précises, car je garderai votre œil tant que vous ne m'aurez pas appris où je peux trouver les Nymphes. J'entends : les Nymphes qui ont les sandales volantes, la besace[20] magique et le casque qui rend invisible.

– Miséricorde ! Mais que voulez-vous dire ? s'écrièrent les trois vieilles. Qui a jamais ouï parler de sandales volantes ? Qu'est-ce que cette invention d'une besace enchantée ? Et comment un casque pourrait-il vous rendre invisible, à moins qu'il ne soit assez grand pour vous cacher tout entier ?

Elles feignaient si bien l'étonnement que Persée fut sur le point de les croire et de leur rendre leur œil en s'excusant de son impertinence, mais Vif-Argent lui chuchota :

– Ne sois pas dupe[21]. Insiste, sans quoi tu ne pourras jamais trancher la tête de Méduse.

Persée resta donc inflexible. Et bien lui en prit, car les trois vieilles, voyant que le seul moyen de recouvrer[22] leur œil était de révéler la retraite[23] des Nymphes, finirent par lui donner à cet égard les explications les plus détaillées. Sur quoi, l'œil leur fut rendu, avec des excuses, et nos deux compagnons se remirent en route.

Du train où ils allaient, il ne leur fallut pas long-temps pour atteindre la clairière retirée où habitaient les Nymphes. Comme elles étaient différentes des trois

---

20. Besace : sac.
21. Dupe : crédule, naïf.
22. Recouvrer : retrouver.
23. Retraite : cachette.

vieilles ! Aussi jeunes que belles, aussi fraîches que rieuses, elles accueillirent de bonne grâce Vif-Argent et son protégé. Sans faire aucune difficulté, elles apportèrent les objets précieux dont elles avaient la garde. D'abord un petit sac de daim orné de broderies bizarres et qui n'était autre que la besace magique ; puis une paire de sandales ailées pareilles à celles de Vif-Argent.

– Mets-les, dit celui-ci à Persée. Tu vas voir comme tu te sentiras léger.

Persée chaussa l'une des sandales ; mais pendant ce temps-là, voilà l'autre qui s'envole comme un oiseau ! Heureusement Vif-Argent, plus prompt[24] que l'éclair, la rattrapa d'un bond et la rendit à Persée qui la noua à son pied en s'excusant de son étourderie. Les Nymphes riaient gentiment.

Dès qu'il eut chaussé les deux sandales, il se sentit presque trop léger pour marcher sur la terre. Au premier pas, il s'élança malgré lui dans les airs et il eut toutes les peines du monde à redescendre, car il n'avait pas l'habitude de manœuvrer avec des ailes. Mais après quelques essais, il se montra plus adroit.

– Très bien ! dit Vif-Argent. Le casque à présent.

Aussitôt les Nymphes apportèrent un casque brillant surmonté d'un panache de plumes noires et en coiffèrent le jeune homme. Mais à l'instant même, plus de Persée, plus de casque, plus rien ! Il était devenu invisible.

– Persée ! Où es-tu ! demanda Vif-Argent.

---

24. **Prompt :** rapide.

MÉDUSE ET AUTRES LÉGENDES DE MONSTRES

– Mais ici, devant vous, répondit une voix toute proche. Ne me voyez-vous pas ?

265 – C'est-à-dire que nous ne te soupçonnons pas, répondit Vif-Argent. Et les Gorgones ne te soupçonneront pas davantage. Tu es prêt à les affronter.

Il prit congé des Nymphes en les remerciant chaleureusement. Sur quoi son chapeau ouvrit ses ailes et l'enleva 270 légèrement dans l'espace. Persée, toujours invisible, le suivit et ils se mirent à voler délicieusement, ainsi que deux oiseaux, sous le disque d'argent de la lune.

Comme la terre baignée de clarté était belle avec ses mers et ses îles, ses plaines cultivées coupées de fleuves, ses 275 noires forêts et ses villes de marbre blanc ! Parfois ils s'enfonçaient dans la ouate humide d'un nuage et ne voyaient plus rien, mais bientôt ils débouchaient à nouveau dans le ciel pur d'été où éclataient des météores[25].

Il sembla soudain à Persée qu'on volait à sa droite bien 280 qu'il ne vît rien, là, que la nuit.

– N'y a-t-il pas quelqu'un près de moi ? demanda-t-il à Vif-Argent. J'entends comme un frôlement d'étoffe dans la brise.

– C'est ma sœur[26], répondit Vif-Argent. Elle nous accom- 285 pagne pour nous aider. Tu ne peux savoir combien elle est sage et pénétrante : elle te voit aussi clairement que si tu n'avais pas le casque d'invisibilité, tu peux en être sûr.

Ils planaient alors au-dessus d'une mer immense dont les vagues bouillonnaient contre les rocs des falaises ou 290 venaient se briser, avec un rouleau d'écume, sur une

---

25. Météores : ici, étoiles filantes.
26. Minerve (ou Athéna) : déesse de la sagesse.

LA TÊTE DE LA GORGONE

longue grève de sable blanc. Et une voix mélodieuse, une voix de femme pleine de gravité et de douceur, retentit dans les airs non loin de Persée.

– Persée, dit la voix mystérieuse, voilà les Gorgones.

– Où donc ? s'écria-t-il. Je ne les vois pas.

– Sur le rivage de cette île. Si un caillou s'échappait de ta main, il tomberait parmi elles.

– Je savais bien que ma sœur serait la première à nous avertir ! s'écria Vif-Argent.

Et il piqua vers la grève.

Les trois Gorgones étaient couchées sur le sable, leurs ailes d'or nonchalamment étalées. Bercées par le grondement des vagues, elles dormaient d'un profond sommeil. Même les serpents qui couronnaient leur tête semblaient engourdis, bien que l'un ou l'autre d'entre eux déroulât de temps à temps ses anneaux.

La lune tombait sur les grands corps aux écailles métalliques, et l'on distinguait jusqu'aux griffes de bronze agrippées aux rochers. On eût dit de gigantesques scarabées grossis un million de fois sous la loupe. Heureusement elles dormaient la tête sous l'aile, car si seulement Persée avait aperçu leur visage, il serait tombé du ciel comme une masse, changé en bloc de pierre.

– Laquelle faut-il frapper ? demanda-t-il en tirant son glaive tout en volant. Laquelle des trois est Méduse ?

– De la prudence ! dit la voix mélodieuse. Méduse est celle qui s'agite dans son sommeil. Ne la regarde pas, elle va se retourner. Ou plutôt ne regarde que son reflet dans ton bouclier poli.

MÉDUSE ET AUTRES LÉGENDES DE MONSTRES

320 Persée comprit alors pourquoi Vif-Argent lui avait recommandé de fourbir son bouclier. Il y voyait nettement Méduse qui, troublée sans doute d'un mauvais rêve, s'agitait convulsivement en labourant le sable de ses griffes. Elle avait découvert son immense visage de
325 femme empreint d'une sorte de beauté sauvage, les yeux clos parmi les serpents.

– Vite ! Vite ! murmura Vif-Argent à Persée. Fonds sur le monstre !

– Mais reste calme, dit la voix mélodieuse à l'oreille du
330 héros. Ne quitte pas ton bouclier des yeux quand tu prendras ton élan pour frapper.

Persée descend avec précaution sans cesser de fixer l'image dans l'acier poli. À mesure qu'il s'approche de cette face hérissée de serpents, son horreur et son
335 dégoût augmentent. Il lève enfin le bras... les serpents se redressent... les paupières de Méduse s'agitent... mais le glaive retombe et la tête de la Gorgone roule sur le sable.

– Bravo ! crie Vif-Argent. Et maintenant, la tête dans la besace !

340 À la grande surprise du vainqueur, la petite besace magique qu'il portait au cou s'élargit le plus naturellement du monde quand il en approcha le trophée sanglant. Tête et serpents, tout disparut dans le sac.

– Tu as accompli ta mission, dit la voix mélodieuse.
345 À présent, envole-toi sans perdre un instant.

Persée s'élança dans les airs. Bientôt il entendit au-dessous de lui des rugissements effroyables : les deux autres Gorgones s'étaient éveillées et poussaient sur le cadavre de leur sœur des cris de lamentation et de colère.

Elles déployèrent leurs ailes d'or et se mirent à voler de tous côtés pour chercher le meurtrier. Mais en vain : Persée leur était invisible. Ah ! s'il les avait regardées, c'en eût été fait[27] de lui, mais la voix mélodieuse lui conseilla à temps :

– Surtout, ne tourne pas la tête !

Quelques instants plus tard, il était hors d'atteinte dans les hauteurs du ciel, où les hurlements des Gorgones lui parvenaient encore, affaiblis.

Le voyage de retour ne fut pas sans aventures. Car Persée, qui s'amusait parfois à voler à faible hauteur, voyait se passer à terre toutes sortes de choses qui le décidaient de temps en temps à intervenir. C'est ainsi qu'il pourfendit un monstre marin au moment où celui-ci allait dévorer une belle jeune fille enchaînée à une falaise[28]. Il changea encore un énorme géant en une montagne de pierre en lui présentant la tête de la Gorgone qu'il avait tirée de son sac ; et, bien qu'on ne m'ait pas dit le nom de ce géant, je ne serais pas étonné que ce fût Atlas.

Toutefois, ces exploits se déroulèrent très rapidement, et en trois jours il eut regagné l'île de Sériphos. Sa première visite fut pour sa mère, mais elle n'était pas chez elle, et il se rendit tout droit au palais.

---

27. **C'en eût été fait de lui :** c'en aurait été fait de lui.
28. **Belle jeune fille enchaînée à une falaise :** il s'agit d'Andromède, fille du roi d'Éthiopie, que Persée sauve et épouse.

MÉDUSE ET AUTRES LÉGENDES DE MONSTRES

Le roi Polydecte fut bien étonné de le voir, car il le croyait dévoré par les Gorgones. Cachant son désappointement[29], il lui dit :

– Tu es déjà de retour ? J'espère que tu as accompli ta mission, sans quoi ce n'est pas la peine de reparaître devant moi.

– Oui, Sire, répondit calmement Persée, je vous rapporte la tête de la Gorgone.

– Vraiment, Persée ? Montre-la-moi, je te prie, dit le roi. Ce doit être un objet bien curieux.

– Je n'oserais, Sire. C'est un spectacle trop hideux pour Votre Majesté.

– Tu te joues de moi ! dit le roi avec colère. La poltronnerie[30] t'a empêché d'obéir à mon ordre. Ne crois pas te tirer d'affaire en présentant un sac fermé dans lequel tu auras glissé quelque tête d'âne.

Ici les conseillers du roi, qui étaient aussi de fort méchants hommes, se rapprochèrent de lui et lui parlèrent à voix basse.

– Vous avez raison, s'écria-t-il. S'il s'est moqué de moi, il mérite la mort. Et s'adressant à Persée : – Montre-nous la tête de Méduse, ou demain, à l'aube, tu seras tiré à quatre chevaux[31].

– Puisque vous le voulez, qu'il en soit ainsi ! dit Persée. Et, tirant la tête du sac, il la présenta au roi et aux conseillers qui furent à l'instant changés en pierre.

Est-il besoin de vous dire qui monta sur le trône ?

---

29. Désappointement : déception.
30. Poltronnerie : manque de courage, lâcheté.
31. Tiré à quatre chevaux : écartelé, attaché à quatre chevaux qui tirent chacun de leur côté et déchirent le supplicié.

QUESTIONS SUR LA TÊTE DE LA GORGONE

AI-JE BIEN LU ?

1 Remettez les actions dans l'ordre.

a. Persée reçoit trois objets magiques de la part des Nymphes. *3*

b. Le roi Polydecte et ses conseillers sont pétrifiés à la vue de la tête de Méduse.

c. Persée rencontre Vif-Argent.

d. Après un naufrage, Persée et sa mère Danaé sont recueillis par un pêcheur dans l'île de Sériphos. *1*

g. Le roi Polydecte ordonne à Persée de rapporter la tête de Méduse. *2*

e. Persée, avec l'aide de la sœur de Vif-Argent, réussit à tuer Méduse. *6*

f. Vif-Argent accompagne Persée chez trois vieilles femmes. *4*

J'ANALYSE LE TEXTE

Les exploits du héros

> **INFO+**
> Dans un récit mythologique, le héros est un **demi-dieu** (issu d'une divinité et d'un être humain) ou un **fils de roi**. Grâce à ses **qualités exceptionnelles**, il accomplit des exploits **extraordinaires** qui relèvent du **merveilleux** (impossibles à réaliser dans la réalité).
> Le héros est aidé par des **adjuvants** et freiné par des **opposants**.

2 **a.** De qui Persée est-il le fils ? Est-il un humain ? un dieu ? un demi-dieu ? Aidez-vous de la note 2 (p. 12).

b. Indiquez dans le tableau ses qualités physiques et morales (l. 10-14) ?

Qualités physiques	Qualités morales
....	....

27

CARNET DE LECTURE

QUESTIONS SUR LA TÊTE DE LA GORGONE

❸ a. Quelle épreuve Persée doit-il affronter ?
b. Qui la lui impose ? Dans quel but ?
c. Quels personnages lui apportent leur aide ? De quelle manière (conseils, objets magiques) ?

Personnages	Conseils	Objets magiques
....	....	....

❹ Persée a-t-il réussi l'épreuve ? De quelle façon ?

❺ Quelle fonction Persée exercera-t-il dans l'île de Sériphos ?

Les autres personnages : dieux, monstres et humains

❻ Reliez les éléments comme il convient.

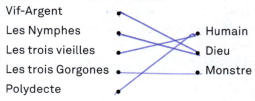

❼ Complétez la fiche d'identité des trois Gorgones.

- Noms : ....
- Caractéristiques humaines : ....
- Caractéristiques animales : ....
- Pouvoirs maléfiques : ....

AIDE
Relisez les lignes 41 à 55.

Le récit du combat

INFO+
- Dans un récit au passé, on peut trouver des passages au présent. Ce **présent**, dit **de narration**, donne plus de force à l'action et la rend vivante aux yeux du lecteur.
- **Les verbes de mouvement** donnent des informations sur le **mode de déplacement** (lent, vertical...) et sur l'**état intérieur des personnages** (violence, peur...).

CARNET DE LECTURE

8 Délimitez les trois étapes du combat (l. 301-358) : 1. la présentation des adversaires, 2. le combat, 3. l'issue du combat.

Étape 1 : l. ...... à ..... / Étape 2 : l. ...... à ..... / Étape 3 : l. ...... à .....

9 Relevez les verbes de mouvement (l. 332-337). Qu'expriment-ils ? À quel temps sont-ils conjugués ? Quel est l'effet produit ?
10 Quels sentiments Persée éprouve-t-il à l'approche de Méduse ? Relevez des termes précis.

JE FAIS LE BILAN

11 Complétez le texte ci-dessous pour faire le bilan.

Persée, fils de .... et de .... est un ....
(dieu/demi-dieu/humain). Grâce à ses qualités exception-
nelles et à l'aide de ...., de ...., des ....
il a accompli l'exploit de .... Cet exploit lui a permis de
devenir .... de l'île de Sériphos.

JE FORMULE MES IMPRESSIONS

12 Avez-vous aimé cette histoire ? Ressemble-t-elle, selon vous, à un jeu vidéo ? Développez votre réponse.

J'ÉTUDIE LA LANGUE

Grammaire : le présent de narration

13 Réécrivez ce passage au présent, excepté « s'étaient éveillées » à transposer au passé composé (« se sont éveillées »).
« Persée s'élança dans les airs... Persée leur était invisible. »
(l. 346-352)

CARNET DE LECTURE

QUESTIONS SUR LA TÊTE DE LA GORGONE

Vocabulaire : les mots de la légende de Méduse

14 Recherchez le sens actuel du nom « méduse » et du verbe « méduser ». Quel rapport voyez-vous avec la Méduse antique ?

15 « Pétrifier » vient du nom latin *petra* qui signifie « pierre » et du verbe *facere* : « faire ». Donnez le sens de ce verbe ici :

a. Cette vision de cauchemar le pétrifia sur son siège de cinéma.

b. Méduse a le pouvoir de pétrifier ceux qu'elle regarde.

J'ÉCRIS

Insérer un paragraphe dans un récit

16 Écrivez en un paragraphe le récit du combat (l. 363-365).

> ---AIDE
> • Rédigez à la 3ᵉ personne et conservez les temps du récit.
> • Décrivez le monstre en une ou deux phrases.
> • Racontez l'affrontement (Persée utilise la tête de Méduse).

JE M'EXPRIME À L'ORAL

Lire à plusieurs voix

17 Lisez à plusieurs voix le combat de Persée contre Méduse.

> ---AIDE
> • Répartissez-vous les rôles : l'élève-narrateur ménage le suspense ; les élèves-personnages adoptent le ton qui convient à la situation.
> • Insistez sur les mots exprimant la peur et l'horreur.

Préparer un exposé

17 Faites une recherche au choix sur un de ces deux sujets :

| La légende d'Hermès | | Les amours de Zeus et Danaé |

TEXTE 2

La Chimère

Vous savez que la Grèce est le pays des merveilles. Eh bien ! d'une de ses collines jaillissait jadis une fontaine toujours vive. On m'a dit que ses eaux fraîches coulent aujourd'hui encore au même endroit. En tout cas, en ce temps-là, elle miroitait de mille paillettes dorées sous le soleil couchant lorsqu'il arriva près de ses bords un beau jeune homme nommé Bellérophon[1].

Il tenait à la main une bride incrustée de pierres précieuses et garnie d'un mors[2] non moins magnifique, car il était fait de l'or le plus pur.

La fontaine n'était pas déserte. Un vieillard, assis sur la berge, se reposait. Une jeune fille, accompagnée d'un enfant, puisait de l'eau avec sa cruche. Un homme entre deux âges avait amené là sa vache pour l'abreuver.

Bellérophon pria la jeune fille de lui tendre sa cruche. Puis il but à longs traits.

– Voilà une eau délicieuse ! s'écria-t-il. Je n'en ai jamais bu de plus fraîche. Auriez-vous la bonté de me dire le nom de cette fontaine ?

– C'est la Fontaine de Pirène[3], répondit la jeune fille. Et son histoire est bien triste. Car, si j'en crois ma grand-mère, elle a été jadis, avant d'être fontaine, une femme.

---

1. Bellérophon : fils de Neptune (ou Poséidon), dieu de la mer, et d'une mortelle, épouse du roi de Corinthe, considéré comme son père « humain ».
2. Mors : pièce du harnais, qui passe dans la bouche du cheval et sert à le diriger.
3. Fontaine de Pirène : fontaine jaillissant au pied de la citadelle de Corinthe.

MÉDUSE ET AUTRES LÉGENDES DE MONSTRES

Oh ! cela s'est passé dans la nuit des temps. Son fils fut tué à coups de flèches par Diane la Chasseresse, et elle en eut tant de peine que tout son corps se fondit en une source de larmes.

– Je n'aurais jamais cru, dit le jeune homme, qu'une source si fraîche et qui murmure si gaiement pût être nourrie de larmes. Mais je suis très content d'apprendre que c'est la Fontaine de Pirène, car j'ai fait bien du chemin pour la trouver.

L'homme entre deux âges regarda Bellérophon avec étonnement :

– Il faut que les ruisseaux soient bien bas dans votre pays, dit-il, si vous vous êtes donné tant de mal pour trouver la Fontaine de Pirène. Mais... auriez-vous perdu un cheval ? S'il était aussi beau que la bride que vous tenez à la main, vous devez être fort en peine.

– Je n'ai pas perdu de cheval, répondit le jeune homme, j'en cherche un. Il fréquentait autrefois la Fontaine de Pirène. Pour ne rien vous cacher, c'est Pégase, le cheval ailé.

– Pégase ! s'écria le villageois en éclatant de rire. Eh bien ! mon jeune ami, vous avez du temps à perdre. Le cheval blanc comme neige qui volait dans les airs de ses ailes d'argent, n'est-ce pas ? Croyez-vous donc encore aux contes de nourrice ? Allons, allons, Pégase n'a jamais existé.

– J'ai mes raisons pour croire le contraire, répliqua Bellérophon avec calme.

Puis, se tournant vers le vieillard qui écoutait, le visage incliné et la main en cornet derrière l'oreille :

LA CHIMÈRE

– Qu'en pensez-vous, mon vénérable père ? N'avez-vous pas vu le cheval ailé dans votre jeunesse ?

– Ah ! dit le vieillard en redressant sa tête blanche, il y a bien longtemps de cela, et ma mémoire baisse de jour en jour. L'ai-je vu ou ai-je seulement rêvé de le voir, je ne sais plus... Tout cela est si loin...

Il songea quelques temps, puis reprit :

– Je me souviens pourtant – j'étais bien jeune alors – d'avoir remarqué des traces de sabots de cheval près de la Fontaine. Je croyais alors que c'étaient les traces de Pégase, mais j'étais plein d'illusions. Ce pouvait tout aussi bien être celles d'un autre cheval. On disait qu'il n'avait jamais connu le frein[4] et qu'il dormait la nuit sur le mont Hélicon[5] – vous en apercevez d'ici la cime entre les arbres – car il volait plus haut et plus vite que l'aigle avec ses ailes d'argent.

– Ce devait être bien incommode pour labourer, dit l'homme entre deux âges en riant grossièrement.

Et, comme sa vache avait fini de boire, il s'en alla.

– Et vous, belle jeune fille, demanda Bellérophon, vos yeux brillants n'ont-ils jamais vu le cheval ailé ?

– Il m'a bien semblé l'apercevoir une fois, répondit-elle toute rougissante, en déposant sa cruche à terre. C'était ou bien Pégase ou bien un énorme oiseau blanc qui volait à une grande hauteur, mais je ne puis rien affirmer, car j'étais éblouie par le soleil. Une autre fois, en venant

---

4. Frein : morceau de la bride qui entre dans la bouche du cheval et permet de l'arrêter (ou mors).
5. Le mont Hélicon : la plus haute montagne de Béotie, au nord de la Grèce, retraite favorite des Muses.

MÉDUSE ET AUTRES LÉGENDES DE MONSTRES

puiser de l'eau à la fontaine, j'ai entendu un hennissement. Ah ! si vif, si mélodieux ! Mon cœur a bondi dans ma
poitrine. J'ai eu peur, pourtant, et j'ai couru à la maison
sans avoir empli ma cruche. Mais je m'en souviens encore
avec ravissement.

Bellérophon se tourna vers l'enfant :

– Et toi, mon petit camarade, lui dit-il en caressant ses
cheveux bouclés, tu n'as pas aperçu Pégase, par hasard ?

– Mais si, répondit l'enfant avec simplicité. Je l'ai vu bien
des fois. Tenez, hier encore.

– Oh ! raconte-moi cela, s'écria Bellérophon.

– Eh bien ! il y a de très jolis cailloux dans cette fontaine,
des cailloux de toutes les couleurs, et je viens souvent en
chercher. Quand je me penche sur l'eau, je vois dedans les
nuages, tout le ciel ; et quelquefois, je vois aussi le cheval
ailé. Oh ! comme je voudrais monter avec lui dans la lune !
Mais dès que je relève la tête, il a disparu.

Bellérophon ne douta pas que l'enfant eût dit vrai. Il
s'installa dans le pays afin de revenir chaque jour à la
fontaine. La bride au frein d'or dans la main, il fouillait
tantôt le ciel, tantôt l'eau du bassin, dans l'espoir d'apercevoir Pégase ou son image.

Les gens qui menaient leur bétail à la fontaine se
moquaient de lui et lui laissaient entendre qu'un gaillard
de sa force ferait mieux de travailler que d'attendre un
cheval ailé. Les gamins jouaient à Bellérophon et Pégase :
l'un faisait le cheval avec toutes sortes de cabrioles en
agitant les bras comme pour s'envoler, et un autre lui

LA CHIMÈRE

courait après avec une corde de jonc qui figurait la bride
aux pierres précieuses.

Bellérophon ne prêtait guère attention à ces singeries,
mais parfois il s'ennuyait ferme. Heureusement, le petit
garçon qui disait avoir vu Pégase en cherchant des cailloux
venait lui tenir compagnie pendant ses heures de récréa-
tion. Ils étaient devenus très bons amis, et Bellérophon,
qui avait eu confiance en lui dès le premier moment, lui
raconta pourquoi il voulait à toute force s'emparer du
cheval ailé.

– Figure-toi, lui dit-il, qu'il y a en ce moment en Lycie
(c'est une province d'Asie d'où je viens) un monstre épou-
vantable qui ravage le pays. On l'appelle la Chimère.
Je ne l'ai jamais vue, mais j'ai interrogé des gens qui l'ont
aperçue de loin, et voici ce qu'ils m'ont dit. La Chimère a
un grand corps écailleux qui finit en queue de serpent, et
sur ce corps se dressent trois têtes : une tête de lion, une
tête de bouc et une tête de serpent, la plus horrible des
trois. Les trois gueules lancent des tourbillons de feu et
de fumée.

– Oh ! dit l'enfant. Est-ce qu'elle a des ailes ?

– Je n'ai jamais pu en avoir le cœur net. Les uns disent
oui, les autres disent non. Peut-être ne les déploie-t-elle
que rarement.

– Et des cornes ?

– Sur sa tête de bouc, sans doute. Pas sur les autres. En
tout cas, la Chimère n'a qu'à souffler sur une forêt, sur un
champ de blé, sur un village, et tout est réduit en cendres.
Avec cela, elle dévore vivants les habitants, les animaux.

La Chimère (vers 425-430 av. J.-C.), sculpture en bronze de la période étrusque, musée archéologique, Florence.

Si l'on ne vient pas à bout du monstre, le pays ne sera bientôt plus qu'un désert. J'ai décidé de tuer la Chimère ou de mourir.

— Mais tu seras brûlé tout de suite !

140 — Pas si je chevauche Pégase. Son vol est si rapide que la Chimère ne pourra pas l'atteindre. Et j'en profiterai pour la taillader de toutes parts à grands coups d'épée. Tu sais maintenant pourquoi je guette si impatiemment le cheval ailé.

145 — Je suis étonné qu'il ne revienne pas, dit l'enfant. Avant ton arrivée, je le voyais très souvent... surtout les jours comme celui-ci, avec cette légère brume de beau temps. Mais...

Saisissant la main de son grand compagnon, il lui dit vivement à voix basse :

– Vite ! Vite ! Regarde dans l'eau. Là.

Bellérophon regarda dans la fontaine et aperçut sur l'eau comme le reflet d'un oiseau argenté.

– Ce doit être un cygne, dit-il. Un très grand cygne, car il vole au-dessus des nuages.

– C'est Pégase ! dit l'enfant dans un souffle. Mais ne regarde pas le ciel.

Trop tard ! Bellérophon avait levé les yeux et, au même instant, le cheval ailé s'était enfoncé dans un grand nuage blanc.

Le jeune homme saisit l'enfant par la main et l'entraîna dans les broussailles qui croissaient autour de la fontaine.

– Comme cela, lui dit-il, le cheval ne pourra pas nous voir. À cette heure, la fontaine est déserte. Si, comme on le dit, il aime à s'y abreuver, peut-être descendra-t-il près de nous.

Et il serra dans sa main la bride au frein d'or.

Mais, à l'autre bout du nuage, voici reparaître à nouveau l'oiseau blanc. L'oiseau ? Non, le cheval ! Cette fois, Bellérophon n'en pouvait plus douter, c'était bien un cheval, un cheval blanc comme neige, aux grandes ailes d'argent, qui volait à une hauteur prodigieuse, tout éblouissant de soleil !

Il se mit à décrire de grands cercles, comme font les colombes avant de s'abattre sur le sol. Et chacun de ces cercles, en effet, le rapprochait de terre. D'instant en instant, il devenait plus beau, plus lumineux. Mais il était tout près…, il frôlait la cime des arbres…

Il était là !

180 Se posant sans bruit sur l'herbe, il descendit sur le sable de la fontaine avec une telle légèreté qu'à peine ses sabots y laissaient-ils leur trace. Allongeant sa belle tête blanche, il se mit à boire en poussant, entre deux gorgées, de doux hennissements étouffés qui marquaient son conten-
185 tement. Puis, sa soif satisfaite, il brouta délicatement quelques fleurs de trèfle.

Sans doute n'avait-il pas très faim, car il se mit bientôt à gambader dans la prairie. Il était aussi gracieux sur terre que dans les airs. Bondissait-il ? Volait-il ? On ne pouvait
190 le dire. Bellérophon et l'enfant le regardaient, le souffle coupé d'admiration.

« Ne serait-ce pas un crime que de lui mettre un mors ? » pensaient-ils.

Mais Pégase lui-même pouvait-il connaître la fatigue ?
195 En tout cas, voici qu'il replie ses jambes fines et nerveuses. Non, c'est un jeu plutôt qu'un repos, car déjà il se relève, prêt à reprendre son vol.

S'élançant du buisson, Bellérophon a sauté sur sa croupe.

200 Ah ! quel bond fit Pégase quand il sentit pour la pre-mière fois un cavalier presser ses flancs. Avant même d'avoir pu respirer, le héros se trouve à cinq cents pieds en l'air, montant, montant toujours parmi les hennis-sements de colère de sa monture. Ils plongent au milieu

LA CHIMÈRE

d'un nuage épais et Bellérophon ne voit plus que fumée. Quand ils en sortent, le cheval ailé se précipite vers une montagne avec la rapidité de la foudre, comme s'il voulait s'écraser sur les rochers avec son cavalier.

Il n'épargnait rien pour se débarrasser de lui. Tantôt il lançait brusquement des ruades terribles, tantôt il se renversait en se cabrant, de telle sorte que Bellérophon avait la tête en bas et voyait la terre là où d'habitude se trouve le ciel. Parfois encore le cheval jetait brusquement la tête en arrière pour tenter de mordre son nouveau maître. Et il agitait ses ailes avec tant de violence qu'une plume d'argent s'en détacha et vint tomber aux pieds du petit garçon, qui la ramassa et la garda précieusement toute sa vie.

Mais tous les efforts de Pégase restèrent vains. Bellérophon était le meilleur cavalier qui fût jamais. Non seulement il ne tomba pas dans l'espace, mais, comme le cheval essayait à nouveau de le mordre, il réussit à introduire le frein d'or dans sa bouche. Aussitôt, Pégase s'apaisa comme par enchantement : il était dompté.

Dès lors, il ne regarda plus son maître avec fureur, mais seulement avec des yeux voilés de larmes. Bellérophon chercha à le consoler en lui caressant le front et en lui parlant avec fermeté et douceur. Il lui sembla que le bel animal ne restait pas insensible à sa bonté.

Ils volaient au-dessus du mont Hélicon. Après un coup d'œil plein d'obéissance, comme pour en demander la permission, Pégase se posa doucement sur la cime, et attendit patiemment que Bellérophon voulût bien mettre

pied à terre. Le jeune homme descendit vivement. Puis,
235 regardant le cheval, il lui enleva le frein d'or et lui dit :

– Va-t'en si tu le veux, Pégase. Tu es libre. Ou bien reste
pour l'amour de moi.

Aussitôt le cheval ouvrit ses ailes et s'élança dans les
airs. Bellérophon l'eut bientôt perdu de vue. Il attendit,
240 anxieux, fouillant du regard tous les coins du ciel. Hélas !
le soir tombait et Pégase demeurait invisible. Le héros se
désolait, pensant l'avoir perdu pour toujours.

Tout à coup, dans le ciel assombri, il vit comme une
étoile filante. C'était Pégase qui était monté à une hauteur
245 si prodigieuse qu'il était encore éclairé par le soleil alors
que la nuit enveloppait déjà la terre. Puis le point lumineux disparut. Bellérophon attendit encore, et bientôt le
cheval se posa près de lui. Il était donc revenu !

Homme et cheval dormirent cette nuit-là côte à côte, le
250 bras de Bellérophon passé autour du cou de Pégase. Et à
l'aurore ils se souhaitèrent affectueusement le bonjour,
chacun en son langage.

– Ma vive hirondelle, dit le héros, c'est aujourd'hui que
nous attaquerons la terrible Chimère.

255 Le cheval hennit joyeusement et tendit la tête pour recevoir la bride. Puis tous deux s'élancèrent dans l'espace.

En quelques instants, ils eurent rejoint le lieu où Bellérophon avait laissé son bouclier et son glaive[6].

Quand le jeune homme eut repris ses armes, il sauta à
260 nouveau sur sa monture et monta avec elle à une hauteur
de huit lieues[7] afin de voir plus clairement quelle route il

---

6. Glaive : épée.
7. Une lieue : environ quatre kilomètres.

LA CHIMÈRE

devait prendre. Puis, tournant la tête de Pégase du côté de l'orient, il piqua droit sur l'Asie.

Le cavalier profita du voyage pour exercer sa monture. Il s'assura qu'elle obéissait à la moindre pression de sa main sur la bride, à la plus légère inflexion de sa voix. Et quand ils arrivèrent au-dessus de la Lycie, l'homme et le cheval se comprenaient vraiment à merveille.

Bellérophon reconnut la farouche montagne qu'on lui avait montrée de loin avec terreur en lui disant que là, dans une profonde caverne, habitait la Chimère. Et comme il volait vers elle, il ne vit plus au-dessous de lui que champs dévastés, forêts en cendres, villages en ruine.

– Vois, dit-il à Pégase. Tout cela est l'œuvre de la Chimère. Il n'est que temps d'en débarrasser ce pauvre pays.

L'intelligent animal tourna la tête vers lui avec un hennissement guerrier pour montrer qu'il était prêt à combattre.

Après avoir longtemps volé au-dessus des pics et des précipices, ils aperçurent soudain trois colonnes de fumée noire qui s'élevaient lentement dans les airs.

– Là, Pégase ! s'écria Bellérophon.

Ils piquèrent sur l'endroit d'où montait la fumée. Elle semblait sortir d'une vaste caverne située au fond d'un ravin. Mais l'observation devenait difficile, car ils éternuaient et toussaient tous les deux à qui mieux mieux, pris à la gorge par une odeur de soufre.

Ils continuèrent cependant à descendre en faisant un circuit pour se tenir en dehors du vent et parvinrent ainsi sans être asphyxiés tout près de la caverne.

MÉDUSE ET AUTRES LÉGENDES DE MONSTRES

Trois têtes gigantesques en émergeaient, deux d'entre elles couchées à terre, la troisième brandie dans les airs où elle ondulait. Les têtes couchées et endormies étaient celles d'un lion à l'énorme crinière et d'un bouc repoussant aux cornes recourbées. La tête brandie, celle d'un formidable serpent aux yeux luisants de ruse méchante. Et de la gueule du serpent comme des narines du lion et du bouc, s'échappait un triple jet de noire fumée où rougeoyaient par instants des flammes !

Dès que le serpent eut aperçu Pégase, il poussa un sifflement strident. Le lion et le bouc s'éveillèrent, et les trois têtes vomirent des torrents enflammés dans la direction de leur ennemi. Elles s'avancèrent hors de la caverne sur les rocs noirs du ravin, et Bellérophon put voir qu'elles n'appartenaient pas à trois animaux différents, mais bien au même monstre. Il avait devant lui la Chimère !

Elle détendit son immense corps écailleux dans un bond énorme, et cheval et cavalier eussent été écrasés[8] sur-le-champ si, d'un rapide élan, Pégase ne s'était envolé dans le ciel. Là, Bellérophon affermit son bouclier et tira son glaive.

– Pégase, cher Pégase, dit-il au noble cheval dont les flancs frémissaient d'horreur. Courage, et droit au monstre !

Ils fondirent dans la fumée et rasèrent le monstre à une vitesse incroyable, non sans que Bellérophon lui assenât au passage un coup violent. À peine s'ils échappèrent à la queue de la Chimère que terminait un terrible dard : ils

---

8. Eussent été écrasés : auraient été écrasés.

LA CHIMÈRE

en sentirent le vent. Mais ils étaient déjà aussi haut que les nuages et Bellérophon, se penchant, vit qu'il avait tranché la tête de bouc.

Rugissements et sifflements montaient jusqu'à eux.

325 – Faisons-la taire, mon brave Pégase ! cria le héros. Le cheval partit comme un trait.

Cette fois, c'est la tête de lion que l'épée de Bellérophon entame profondément : elle ne tient plus au cou que par un lambeau de chair. Cependant l'épaule du héros saigne,
330 atteinte par une griffe de la Chimère, et l'aile gauche de Pégase a perdu nombre de ses plumes d'argent.

– Sus, sus[9] ! crie Bellérophon.

Et pour la troisième fois ils s'élancent sur le monstre. Mais celui-ci a vu venir l'attaque. Bondissant au-devant
335 de ses ennemis, il enroule autour de Pégase ses anneaux visqueux. Le cheval hennit de douleur, mais reprend son essor, emmenant dans les nues l'horrible Chimère qui tourne sa gueule de serpent vers Bellérophon.

Celui-ci ne doit qu'à son bouclier de n'être pas brûlé vif.
340 Il ne peut plus guère se défendre car les terribles griffes l'assaillent à droite et à gauche. Va-t-il succomber ? Non, il se raidit dans un dernier effort et profite de ce que la Chimère a découvert sa poitrine pour lui enfoncer son glaive dans le cœur.

345 Le monstre desserre son étreinte et tombe dans le vide. Le vent de sa chute attise les flammes contenues dans son sein. C'est une torche ardente qui tombe sur le sol.

– Pégase, Pégase, es-tu blessé ? demande Bellérophon.

---

9. Sus : à l'attaque.

Le cheval hennit joyeusement : il n'a que de légères meurtrissures. Quant à son cavalier, c'est à peine s'il sent sa blessure à l'épaule dans l'ivresse de sa victoire. Il se penche sur le cou de Pégase et l'embrasse avec des larmes de joie.

Ils descendirent à l'endroit où était tombée la Chimère. Le grand cadavre achevait de se consumer dans un champ. Il couvrait plusieurs arpents[10] de terrain et les os déjà blanchis formaient un tas plus élevé qu'une meule de foin.

Bellérophon alla annoncer l'heureuse nouvelle au roi du pays. Je vous laisse à penser combien on lui fit fête. Mais il se déroba à tous les honneurs, et, toujours monté sur Pégase qui ne voulait point le quitter, il s'en revint à la Fontaine de Pirène pour retrouver son petit ami.

– C'est grâce à toi, dit-il à l'enfant, que j'ai attendu Pégase au bord de la Fontaine. C'est donc aussi grâce à toi que j'ai abattu la Chimère. Viens, tu es digne de monter le cheval ailé !

Et, enlevant l'enfant ravi, ils partirent tous trois pour le plus merveilleux voyage qui fût jamais.

---

10. Arpent : ancienne unité de surface, de 35 à 50 mètres carrés.

QUESTIONS SUR LA CHIMÈRE

AI-JE BIEN LU ?

1 Cochez la bonne réponse.

a. Bellérophon se rend à la Fontaine :
- ☐ pour faire boire son cheval Pégase.
- ☐ pour y rechercher le cheval Pégase.

b. Bellérophon reçoit l'aide :
- ☐ d'une princesse.
- ☐ du dieu Neptune.
- ☐ d'un enfant.

c. La Chimère est :
- ☐ un cheval à tête et buste humains.
- ☐ un serpent à trois têtes.
- ☐ un chien à trois têtes.

d. Vaincre la Chimère est difficile car :
- ☐ elle crache du feu.
- ☐ elle pétrifie celui qui la regarde.
- ☐ sa morsure est venimeuse.

e. Bellérophon en tuant la Chimère :
- ☐ est gravement blessé.
- ☐ perd son cheval Pégase touché à mort.
- ☐ est légèrement blessé, ainsi que Pégase.

J'ANALYSE LE TEXTE

Les exploits du héros

2 **a.** De qui Bellérophon est-il le fils ? Est-il un dieu ou un demi-dieu ?

b. Quelle mission se propose-t-il d'accomplir ? Pourquoi ?

3 Complétez le tableau en indiquant pour chacune des épreuves, le lieu, l'adjuvant (aide), les difficultés de l'épreuve.

CARNET DE LECTURE

QUESTIONS SUR LA CHIMÈRE

Épreuves	Lieu	Adjuvant	Difficultés
1. La capture de Pégase			
2. Le combat contre la Chimère			

4 a. Bellérophon est-il un maître tyrannique ou un ami bienveillant pour Pégase ?

b. De quelles qualités fait-il preuve en combattant la Chimère ?

Les monstres : Pégase et la Chimère

INFO+
Un être **hybride** est issu de croisements d'espèces différentes.

5 Complétez ce schéma avec les mots qui décrivent le corps hybride de la Chimère (1) et de Pégase (2), puis dessinez ces monstres tels que vous les imaginez.

❶ La Chimère

Tête 1	Tête 2
Tête 3	Corps

❷ Pégase

Tête et corps
Attributs d'un autre animal

6 a. Dans quels lieux Pégase vit-il ? Où la Chimère se cache-t-elle ?

b. Qu'est-ce qui s'échappe des narines de la Chimère (l.292-300) ? De quel pouvoir dispose-t-elle ?

7 **a.** À quelle couleur chacun des monstres peut-il être associé ? Que symbolise chacune de ces couleurs ?
b. Ces monstres inspirent-ils les mêmes sentiments ?

Le récit du combat

8 **a.** Retrouvez les trois moments du combat (l. 301-352).
b. Quel passage est rédigé au présent de narration ? Pourquoi ?

> INFO+
> Un **champ lexical** est un ensemble de mots qui se rattachent à une **même notion** (*champ lexical de la mer : vague, marée...*).

9 Relevez le champ lexical de la terreur et de la violence.

JE FAIS LE BILAN

10 Rédigez, en trois phrases au moins, le bilan de votre lecture, en utilisant les termes clés suivants :

> • Phrase 1 : Bellérophon, héros, parents, exploit
>
> ....
>
> ....
>
> • Phrases 2 et 3 : Pégase, la Chimère, monstres hybrides, gracieux, terrifiant, au service du bien, au service du mal
>
> ....
>
> ....

J'ÉTUDIE LA LANGUE

Vocabulaire : autour du mot « chimère »

11 **a.** Recherchez le sens actuel du nom « chimère ».
b. Qu'est-ce qu'un projet chimérique ?

CARNET DE LECTURE

QUESTIONS SUR LA CHIMÈRE

Grammaire : comment caractériser un monstre ?

> **INFO+**
> Pour caractériser un être, un animal, on utilise des **expansions** du nom : **adjectif** (ou groupe adjectif) ; **nom** (ou groupe nominal) précédé ou non d'une préposition (à, aux, de...) ; **proposition** subordonnée relative. Les termes sont choisis en fonction de l'image que l'on veut donner : **méliorative** (valorisante) ou **péjorative** (dévalorisante).

12 « un **cheval** [blanc comme neige], [aux grandes **ailes** d'argent], [qui volait à une hauteur prodigieuse], [tout éblouissant de soleil] ! » (l. 170-173)

a. Identifiez les classes grammaticales des quatre expansions du mot « cheval » (entre crochets).

b. Relevez les deux expansions du mot « ailes » et identifiez leurs classes grammaticales.

c. La description de Pégase est-elle méliorative ou péjorative ?

J'ÉCRIS

Décrire un monstre

13 Imaginez un nouveau monstre hybride et décrivez-le. Vous pouvez chercher à horrifier ou à séduire le lecteur.

> **AIDE**
> • Choisissez deux ou trois animaux : votre monstre devra emprunter à chacun différentes parties de son corps.
> • Caractérisez-le selon l'image que vous voulez donner de lui.
> • Décrivez le monstre : utilisez des adjectifs qui précisent les sentiments qu'il inspire *(terrible, abominable.../admirable, attendrissant...)*.

TEXTE 3

Le Minotaure (1)

Il était une fois un petit garçon qui s'appelait Thésée. Thésée, donc, vivait au pied d'une haute montagne de Grèce dans une ville toute blanche du nom de Trézène[1]. Et comme c'était le petit-fils du vieux roi qui régnait sur le
5 pays, il habitait au palais avec sa mère Ethra. Quant à son père[2], il ne l'avait jamais vu.

Ethra emmenait souvent Thésée se promener dans un bois voisin. Lorsqu'ils arrivaient devant certain rocher profondément enfoncé dans la terre et couvert de mousse,
10 elle le faisait asseoir à côté d'elle et lui parlait de son père.

– C'est un grand roi, lui disait-elle.

– Pourquoi ne vient-il jamais nous voir ? demanda un jour l'enfant.

– Il demeure loin, mon fils, son trône est à Athènes.

15 – Mais il a sûrement de bons chevaux. Ne pourrait-il faire une fois le voyage ?

– Il est retenu par les affaires de l'État. Les rois ne peuvent s'absenter comme cela, même pour voir leur fils.

– Et si j'allais le voir, moi ?

20 – Sans doute, mais plus tard. Pour le moment, tu n'es ni assez grand ni assez fort.

– Et quand donc serai-je assez grand et assez fort ? demanda le jeune prince.

---

1. Trézène : cité grecque sur la côte nord-est du Péloponnèse.
2. Son père : Égée, roi d'Athènes ; ou Neptune, dieu de la mer selon une autre tradition.

MÉDUSE ET AUTRES LÉGENDES DE MONSTRES

– Quand tu pourras soulever cette pierre, répondit la mère en souriant. Je veux dire, la pierre sur laquelle tu es assis.

L'enfant se leva, regarda la pierre et se jeta sur elle. Enfonçant ses petites mains dans la mousse pour trouver une bonne prise, il tira, se raidit dans l'effort. En vain ; la pierre demeura complètement immobile ; on eût dit[3] qu'elle avait des racines dans le sol.

– Tu vois, Thésée, lui dit Ethra. Il faudra bien des années encore avant que tu puisses faire le voyage d'Athènes.

L'enfant, déçu, ne répondit rien. Il rentra tout songeur au palais.

À dater de ce jour il ne pensa plus qu'à la pierre. Combien de fois ne s'en alla-t-il pas dans le bois, épuisant ses forces sur elle ! Mais, à mesure qu'il grandissait, la pierre semblait s'enfoncer de plus en plus solidement dans la terre. Elle était couverte d'une mousse si épaisse qu'on avait peine à trouver le granit. Et toutes sortes de plantes sauvages, pareilles à des chevelures, en cachaient les parois.

Un jour cependant, Thésée – c'était presque un jeune homme à présent – s'écria :

– Mère, Mère, je crois que la pierre a remué !

– Ce n'est pas possible, dit Ethra. Tu te trompes.

Car les mères ont parfois peine à croire que leurs fils grandissent et elles continuent à les prendre pour de petits garçons.

---

3. On eût dit : on aurait dit.

– Si, si, Mère, je vous assure, insista Thésée. Regardez !

Et il montrait du doigt un endroit où la pierre, en bougeant, avait déraciné une fleur.

– C'est vrai, dit Ethra avec un soupir.

Et elle regarda longuement son fils. Comme il était beau et vigoureux ! Hélas, elle le verrait bientôt s'éloigner et courir, comme un homme, parmi les dangers du monde.

Pendant un an Thésée ne toucha plus à la pierre : il avait décidé de laisser ses forces grandir avant de renouveler sa tentative. Mais quand l'année se fut écoulée, il emmena sa mère dans le bois, étreignit la pierre en sa présence, la déchaussa de son lit[4] et, dans un effort immense, la renversa sur le flanc !

Nicolas Poussin, *Thésée retrouve l'épée de son père* (vers 1638), huile sur toile, 98 × 134 cm, musée Condé, Chantilly.

---

4. **La déchaussa de son lit** : la sortit du creux dans lequel elle était encastrée.

MÉDUSE ET AUTRES LÉGENDES DE MONSTRES

Comme il reprenait haleine, le front mouillé de sueur, il vit une larme rouler sur la joue d'Ethra.

– Oui, mon fils, dit-elle en souriant à travers ses pleurs. Tu n'es plus un enfant. Le temps est venu de me quitter et d'aller trouver ton père. Vois ce qu'il a déposé ici pour toi.

Thésée vit alors que la pierre, en basculant, avait découvert un rocher plat, creusé d'un trou. Et dans ce trou reposaient un glaive[5] à poignée d'or et une paire de sandales.

– Voici le glaive de ton père, dit Ethra, et voilà ses sandales. Il m'a ordonné de te les remettre quand tu serais en âge d'ébranler la pierre. Tu peux maintenant combattre les géants et les dragons comme il a fait dans sa jeunesse.

– Je partirai aujourd'hui pour Athènes ! s'écria Thésée.

Sa mère obtint pourtant qu'il restât trois jours encore, afin de faire les préparatifs nécessaires. Le vieux roi son grand-père approuva son voyage, mais lui conseilla de partir par bateau, les routes étant infestées de brigands et de monstres.

– Des brigands et des monstres ! s'écria Thésée dont les yeux brillèrent. Pourquoi les fuirais-je ? N'ai-je pas l'épée de mon père ?

Et, après de tendres adieux, il s'élança sur la route. S'il avait versé quelques larmes en s'arrachant des bras de sa mère, le vent et le soleil les eurent bientôt séchées. Les sandales lui allaient à merveille et il marchait d'un pas ferme, en jouant avec la poignée d'or de son glaive.

Si je vous racontais par le menu tous les exploits que Thésée accomplit avant d'atteindre Athènes, mon histoire

---
5. Glaive : épée.

LE MINOTAURE

serait trop longue, et nous n'en viendrions jamais au fameux combat qu'il livra au Minotaure. Je vous dirai donc en deux mots qu'il expédia dans l'autre monde tous
95 les scélérats qu'il rencontra sur son chemin. Il y avait, par exemple, un certain Procuste qui s'emparait des voyageurs, les emmenait dans sa caverne et les étendait sur un lit : si ces malheureux étaient trop courts, il allongeait leurs membres de force en faisant craquer leurs os ; s'ils
100 étaient trop longs, il leur tranchait en riant la tête ou les pieds. Eh bien ! le glaive de Thésée débarrassa le pays de Procuste, ainsi que d'un formidable sanglier qui ravageait champs et bois et qui, une fois tué et salé, nourrit de sa chair trois villages tout un hiver.

105 Tant et si bien qu'on acclamait le jeune héros partout où il passait, et, ma foi, cela lui faisait grand plaisir.

« Il me semble, se disait-il, que je suis digne à présent de me présenter devant mon père. »

Il ne se doutait guère de l'étrange accueil qui l'attendait
110 à Athènes.

Le roi Égée, quoiqu'il ne fût pas très avancé en âge, était vieilli par la maladie et les soucis. Il se laissait entièrement gouverner par une cruelle magicienne du nom de Médée[6], qui avait plus d'un tour dans son sac. Or Médée prévoyait
115 la mort prochaine du roi et voulait à toute force faire monter son fils Médus sur le trône. Jugez de son inquiétude quand elle apprit que le prince Thésée approchait de la ville.

---

6. Médée : magicienne, fille du roi de Colchide, qui a aidé Jason à conquérir la Toison d'Or.

MÉDUSE ET AUTRES LÉGENDES DE MONSTRES

– Va à sa rencontre, dit-elle à Médus, embrasse-le avec
effusion et propose-lui de le présenter au roi comme un
étranger afin de voir s'il saura le reconnaître pour son fils.
Pendant ce temps-là, j'agirai de mon côté.

Tandis que Médus se hâtait sur la route par laquelle devait
arriver Thésée, Médée se retira dans ses appartements et
prépara, avec soixante-dix-sept herbes et toutes sortes
d'ingrédients dont elle avait le secret, un terrible poison.
Puis elle en versa quelques gouttes dans une coupe. Une
mouche, s'étant posée sur le rebord, tomba morte instan-
tanément. Médée sourit et se rendit chez le roi.

– Sire, lui dit-elle, vous savez que je vois ce qui se passe
au loin. Un inconnu vient de débarquer à Athènes dans le
dessein de vous tuer pour s'emparer de votre couronne.
Il s'approche du palais et sera dans un instant au pied de
votre trône.

– Ah ! Ah ! dit le vieux roi. Quel coquin ! Et que me
conseillez-vous de faire de lui ?

– Que Votre Majesté se contente de lui offrir à boire.

– De lui offrir à boire ! Que voulez-vous dire ?

– Votre Majesté sait que je m'entends à fabriquer
certains breuvages. Qu'elle me permette seulement de
verser une goutte de ce liquide dans la coupe de vin qu'elle
offrira à l'étranger.

Et elle montra au roi une petite fiole[7].

– Ma foi, dit-il, le scélérat[8] ne mérite pas mieux.

Et il donna des ordres pour qu'on fît entrer Thésée dès
qu'il se présenterait.

---

7. Fiole : flacon.
8. Scélérat : bandit, criminel.

LE MINOTAURE

Le héros parut bientôt avec Médus. Lorsqu'il vit son vieux père, si majestueux et si vénérable avec sa longue barbe blanche et sa couronne étincelante, mais également si digne de pitié tant il paraissait faible et proche de la tombe, Thésée sentit les larmes lui monter aux yeux.

Il avait préparé quelques phrases, mais l'émotion lui coupa la parole.

Médus sut en tirer avantage :

– Votre Majesté voit-elle l'embarras du traître ? souffla-t-elle à l'oreille du roi. Il a la conscience tellement troublée qu'il ne peut prononcer une parole. Vite ! Offrez-lui la coupe.

Cependant, Égée considérait avec attention le jeune inconnu. Il ne pouvait s'empêcher d'admirer son front pur et noble, sa bouche gracieuse et expressive, ses yeux tendres et beaux. Mais surtout il lui semblait que ce visage lui rappelait un autre visage et il cherchait, cherchait au fond de sa mémoire.

Médée, voyant son hésitation, chuchota :

– Sire, ne tardez pas ! Votre vie est en danger. Ce jeune homme a mille fois mérité la mort.

« Je rêvais, se dit le roi en se redressant sur son trône avec sévérité. Oui, il faut faire justice. »

Et, s'adressant à Thésée :

– Jeune homme, sois le bienvenu ! Accepte cette coupe remplie d'un vin délicieux. Tu as bien mérité de le boire.

Comme Thésée s'avançait pour recevoir la coupe, le roi tressaillit violemment : il avait aperçu au côté du jeune homme le glaive à poignée d'or.

MÉDUSE ET AUTRES LÉGENDES DE MONSTRES

– Ce glaive, s'écria-t-il, de qui le tiens-tu ?

– C'est le glaive de mon père, répondit Thésée d'une voix tremblante. Voici un mois, je l'ai trouvé sous le rocher.

– Mon fils ! Mon fils ! cria Égée, qui jeta la coupe à terre et descendit en chancelant les marches du trône pour se précipiter dans les bras de Thésée. Oui, voilà bien les yeux d'Ethra ! Oui, tu es bien mon fils !

Il n'avait pas achevé cette phrase que Médée et Médus avaient disparu. Craignant la juste colère du roi, Médée s'enferma dans sa chambre et se livra à des enchantements. Bientôt elle entendit siffler à la fenêtre. C'étaient quatre immenses serpents ailés attelés à un char de feu. La magicienne y prit place avec son fils après s'être emparée des bijoux de la couronne et, fouettant les serpents, s'éleva dans les airs.

Les sifflements des quatre monstres étaient si perçants que le roi regarda à la fenêtre. Quand il aperçut Médée à travers les flammes de son char, il lui cria qu'elle faisait bien de s'enfuir et qu'elle ferait mieux encore de ne jamais remettre les pieds dans ses États. La sorcière, furieuse, brandit le bras dans un geste de malédiction, mais, ce faisant, elle laissa tomber par mégarde cinq cents diamants, mille grosses perles et un nombre incalculable de rubis et de saphirs qu'elle avait dérobés dans le coffre royal.

Les passants se précipitèrent pour ramasser ces trésors et les rapporter au palais, mais le roi fit annoncer qu'il donnait tous ces bijoux à ceux qui les avaient trouvés pour fêter l'arrivée de son fils et la fuite de l'horrible Médée.

QUESTIONS SUR LE MINOTAURE (1)

AI-JE BIEN LU ?

1 Complétez les phrases suivantes.

a. Thésée est le fils d'.................................... et d'.....................................

b. Il vit avec sa mère à .... mais ne connaît pas son père qui est le roi d'....................................

c. Devenu grand, Thésée se rend à .... pour .... ; en chemin il accomplit des ....

d. À Athènes, le roi âgé est sous l'influence de .... qui est une ....

e. Quand cette dernière apprend l'arrivée de Thésée, elle tente de l'.................................... .

f. Mais le roi l'arrête : il a reconnu son fils grâce à .... qu'il porte.

J'ANALYSE LE TEXTE

Le parcours initiatique de Thésée

— INFO+

Le **récit initiatique** raconte le parcours d'un personnage qui, au terme de plusieurs mises à l'épreuve, grandit et devient adulte.

2 **a.** Quelle première épreuve le jeune Thésée doit-il surmonter ?
b. Complétez le tableau pour montrer l'évolution du jeune garçon (l. 1-68).

De l'enfant au jeune homme	Tentatives de Thésée pour soulever la pierre
L'enfance de Thésée	1re tentative : ....
La fin de l'enfance	2e tentative : ....
Un an plus tard	3e tentative : ....

CARNET DE LECTURE

QUESTIONS SUR LE MINOTAURE (1)

c. Quels objets découvre-t-il à la troisième tentative ? Qui les y a laissés ?

❸ Choisissez quatre de ces adjectifs qui pourraient caractériser le jeune Thésée :

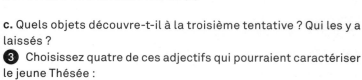

❹ Quels exploits Thésée accomplit-il sur la route d'Athènes ? Pourquoi est-il considéré comme un héros (l. 90-106) ?

❺ a. Pourquoi Médée souhaite-t-elle éliminer le jeune homme ? Que fait-elle croire au roi pour cela ?
b. Quels sont ses pouvoirs ?

❻ a. Comment l'émotion de la reconnaissance entre le père et le fils est-elle exprimée ? Appuyez-vous sur le vocabulaire et les types de phrases.
b. Pensez-vous qu'il est temps pour le roi de transmettre le pouvoir à son fils ?

Monstres et humains

❼ Placez les personnages suivants dans la case qui convient :

Monstres hybrides et/ou gigantesques	Êtres humains criminels	Héros jeunes ou vieillis

❽ En quoi la fuite de Médée est-elle grandiose et terrifiante (l. 186-200) ? Citez des termes précis.

TEXTE 4

Le Minotaure (2)

Le roi ne voulait plus se séparer de Thésée. Il le faisait asseoir à côté de lui sur son trône, qui était en effet assez large pour deux, et lui demandait inlassablement de lui parler de son enfance, de sa mère et des exploits qu'il avait accompli en venant de Trézène. Fort touché de ces marques d'affection, le jeune prince racontait tout cela à son vieux père avec beaucoup de patience, et sans omettre un détail. Mais, à dire la vérité, il commençait à s'ennuyer un peu, car il n'était pas homme à rester assis tout le jour, fût-ce sur un trône[1]. Et il regardait parfois son glaive avec regret.

Or, un jour, en se réveillant, il lui sembla entendre des cris de détresse. Il se leva, courut à la fenêtre. Oui, une longue rumeur plaintive montait de la ville. On eût dit[2] que tout le monde était en deuil et que de mille poitrines s'échappaient des gémissements.

S'habillant à la hâte, sans oublier ses sandales et son glaive d'or, Thésée courut interroger le roi.

– Hélas ! mon fils, répondit Égée en poussant un profond soupir, c'est aujourd'hui le retour d'un triste anniversaire. Chaque année, à pareille date, nous devons tirer au sort les noms des jeunes garçons et des jeunes filles d'Athènes destinés à être dévorés par le Minotaure.

---

1. Fût-ce sur un trône : même si c'était sur un trône.
2. On eût dit : on aurait dit.

MÉDUSE ET AUTRES LÉGENDES DE MONSTRES

– Le Minotaure ? s'écria Thésée. Quel est donc ce monstre ?

– C'est une créature effroyable, moitié homme moitié taureau, qui habite l'île de Crète[3]. Tu sais que nous avons été vaincus par les Crétois. Ils nous ont dicté des conditions de paix très dures et nous avons dû nous engager à envoyer chaque année sept jeunes garçons et sept jeunes filles pour servir de pâture[4] au Minotaure.

– Quel roi cruel a pu vous imposer cela ?

– Le roi Minos. Au lieu de combattre le monstre, il l'entretient, il en est fier. Et il se réjouit de le voir dévorer de jeunes Athéniens. J'ai essayé de fléchir ce cœur barbare. En vain. Et chaque année, je dois me résigner à l'horrible tirage au sort. Aujourd'hui il n'est pas dans la ville de parents qui ne tremblent et ne s'attendent au pire.

Thésée se tut pendant quelques instants. Puis, se redressant :

– Que la ville d'Athènes choisisse seulement six garçons cette année, dit-il d'une voix ferme. Je serai le septième.

– Mon fils ! Que dis-tu ?

– Je vaincrai le monstre ou je mourrai.

– Oh ! Thésée, pourquoi t'exposer à cet horrible destin ? L'héritier du trône est au-dessus des lois communes.

– C'est parce que je suis prince, et votre fils, que je veux prendre part au malheur de vos sujets.

– Ah ! mon fils, mon fils ! À peine t'ai-je trouvé que je dois déjà te perdre ?

---

3. Crète : grande île de la Méditerranée, au sud-est d'Athènes.
4. Servir de pâture : servir de repas.

LE MINOTAURE

– Consolez-vous, mon père. Le Minotaure ne m'a pas encore dévoré. Je me battrai à outrance[5] et vous connaissez le tranchant de ce glaive qui fut jadis le vôtre.

Le roi dut s'incliner devant tant de fermeté et de hardiesse. Il s'appuya sans mot dire au bras de son fils et l'accompagna jusqu'au vaisseau qui attendait les victimes dans le port. En même temps qu'eux arrivaient, suivis d'un cortège en larmes, les six jeunes hommes et les jeunes filles que le sort avait désignés.

– Mon enfant bien-aimé, dit le roi à son fils au moment où celui-ci montait à bord, tu vois ces voiles noires qui conviennent à un voyage de désolation. Si, par un heureux hasard, tu échappes au Minotaure, change ces agrès[6] de deuil en agrès de joie : hisse aux mâts des voiles d'une blancheur éclatante. Aussi longtemps qu'il me restera un souffle de vie, je monterai chaque jour au sommet de la falaise afin de savoir si tu reviens victorieux.

Sa voix se brisa dans un sanglot. Thésée promit de lui obéir et donna le signal du départ. Le navire s'éloigna du rivage et, à peine en pleine mer, fut emmené rapidement sur les eaux par une brise légère, comme pour une partie de plaisir.

La gaieté, assurément, ne régnait pas à bord. Les jeunes filles mêlaient leurs larmes, les jeunes hommes étaient en proie à une tristesse farouche. Nul ne parlait. Thésée considéra quelque temps ses compagnons, puis, s'adossant au mât, il leur dit :

---

5. Se battre à outrance : se battre jusqu'à la mort ou la défaite d'un des deux combattants.
6. Agrès : ce qui sert à la manœuvre d'un navire (voiles, câbles...).

MÉDUSE ET AUTRES LÉGENDES DE MONSTRES

– Mes chers amis, ne vous laissez pas abattre. Nous allons vers un danger redoutable, il est vrai, mais non pas à une mort certaine. N'augmentez pas les chances de votre adversaire en vous abandonnant au désespoir. C'est être à moitié vaincu que d'envisager la défaite. Pour moi, je ne songe qu'à la victoire et au retour !

« Jeunes filles, chantez, nouez des danses, ranimez le courage avec la gaieté dans le cœur de tous.

« Jeunes hommes, répondez par des chants héroïques. Ou bien luttez, faites la course sur le pont, rivalisez d'agilité dans les agrès. Entretenez vos forces enfin, pour vaincre quand le moment sera venu.

Il leur parla si bien et avec une bonne humeur si confiante que ses compagnons eurent honte de s'enfermer dans la mélancolie. Et pendant tout le reste de la traversée, ce ne furent plus que jeux, chants, épreuves de force, danses et même francs éclats de rire.

Je crois bien que quelques-uns des passagers avaient pour ainsi dire oublié le but du voyage lorsqu'on vit monter à l'horizon les sommets bleuâtres de la Crète. Pour le coup, chacun reprit sa gravité et fouilla anxieusement du regard l'île fatale.

Thésée, debout au milieu des matelots, crut à plusieurs reprises distinguer sur la rive un objet brillant qui se reflétait dans la mer.

– Cela va et vient, dit-il au maître d'équipage, mais je suis sûr d'avoir vu deux ou trois fois comme un trait lumineux. À cette distance, il faut que ce soit un objet gigantesque.

LE MINOTAURE

– Oui, répondit le marin qui avait déjà fait la triste traversée. Je sais ce que vous voulez dire. Ce doit être Talus.

Mais, absorbé par la manœuvre des voiles, il n'eut pas le temps d'en dire plus long.

Thésée se demandait qui pouvait bien être ce Talus, lorsque, en approchant de l'île, il aperçut un prodigieux géant qui marchait sur le rivage à pas mesurés. Il faisait des enjambées d'un rocher à l'autre, parfois d'un cap à l'autre, et la mer bouillonnante ne lançait pas ses vagues plus haut que les chevilles de l'extraordinaire créature.

Mais ce qu'il y avait de plus remarquable, c'étaient les mille étincelles que faisaient jaillir les rayons du soleil en tombant sur son corps. Son visage colossal lançait également des éclairs métalliques. Quant à ses vêtements, au lieu de flotter au vent, ils tombaient lourdement autour de ses membres comme la draperie d'une statue. Ce géant était-il de chair ? N'était-il pas plutôt de bronze[7] comme la terrible massue qu'il portait sur l'épaule ?

Le maître d'équipage était revenu auprès de Thésée.

– C'est Talus, l'homme de bronze, dit-il en effet.

– Est-il vivant ou mécanique ? demanda le héros.

– C'est ce qui m'a toujours intrigué. Certains affirment que Talus est un automate fabriqué sur l'ordre du roi Minos, et on le dirait bien, à voir son pas régulier. Car il ne cesse pas de faire le tour de l'île, la nuit comme le jour.

– La chose est claire, dit Thésée. C'est assurément un automate. Tout homme, fût-ce un géant[8], a besoin de sommeil.

---

7. Bronze : alliage de cuivre et d'étain.
8. Fût-ce un géant : même si c'est un géant.

MÉDUSE ET AUTRES LÉGENDES DE MONSTRES

135 – Oui, mais il parle ! Il pose des questions. Comment donner la parole à une machine ?

Cependant le navire était arrivé à l'entrée du port. À sa vue le colosse interrompit sa ronde. Se campant sur deux énormes blocs de rocher, il leva sa massue à une telle
140 hauteur qu'elle se perdit dans les nuages et, dans cette posture menaçante, il ouvrit ses lèvres de bronze :

– D'où venez-vous, étrangers ? demanda-t-il d'une voix tonnante dont la rumeur vibra longtemps dans l'air comme celle d'une immense cloche d'église.

145 – D'Athènes, répondit le maître d'équipage en se voilant les yeux, car il ne pouvait supporter l'éclat du soleil sur le grand corps métallique.

– Quelle est votre mission ? tonna de nouveau l'homme de bronze en serrant les mains sur sa massue comme pour
150 se préparer à fracasser le vaisseau.

– Nous amenons les sept jeunes hommes et les sept jeunes filles qui doivent être livrés au Minotaure.

– Passez ! cria le géant.

Et il reprit aussitôt sa marche cadencée, tandis que
155 le navire entrait dans le port. En peu d'instants, cette étrange sentinelle fut à une grande distance, et son dos miroitant disparut au détour de l'île.

Dès que les Athéniens eurent abordé, ils furent entourés par les gardes de Minos qui les amenèrent au palais.

160 Ils comparurent devant le roi, dont les yeux cruels, roulant sous ses sourcils épais et hérissés, leur apprirent qu'il ne fallait attendre aucune pitié de cette brute

LE MINOTAURE

couronnée. Ils pâlirent et une sueur froide courut sur leur visage, tandis qu'ils défilaient devant Minos qui les touchait du bout de son sceptre pour s'assurer de leur embonpoint.

Seul Thésée gardait une attitude pleine de fierté et de calme. Sa tranquillité irrita le roi.

– Ne trembles-tu pas ? lui cria-t-il, à l'idée d'être dévoré par le Minotaure ?

Le héros sourit :

– Pourquoi serais-je troublé, répondit-il, alors que je donne ma vie pour une bonne cause ? C'est toi, roi Minos, qui devrais avoir peur de ta propre cruauté. N'as-tu pas honte de livrer quatorze innocents à une bête féroce ? Je te le dis en face, tu as beau être assis sur un trône d'or, tu me parais un monstre plus hideux que le Minotaure lui-même.

Il y eut un silence de mort. Puis Minos, pourpre de rage, éclata enfin d'un rire forcé, un rire d'hyène[9] :

– Ha ! Ha ! c'est ainsi que tu me considères. Eh bien ! demain, à l'heure du déjeuner, tu verras si ta comparaison est juste. Gardes ! emmenez-moi tout ce gibier. Quant à cet insolent, c'est lui qui ouvrira l'appétit du Minotaure.

Dès que les malheureux eurent quitté la salle, une jeune fille d'une grande beauté se jeta aux pieds du roi.

– Ah ! mon père, s'écria-t-elle, faites grâce pour cette fois ! Quelques moutons rassasieront le Minotaure aussi bien que ces pauvres Athéniens. Épargnez ces innocents.

---

9. Hyène : mammifère carnassier ; personne cruelle et sournoise au sens figuré.

Épargnez même ce jeune homme si fier. Il n'a pas été très poli, je l'avoue, mais il est noble, et les circonstances où il se trouve l'excusent.

Celle qui suppliait ainsi d'une voix que la pitié faisait trembler était la propre fille du roi, la princesse Ariane. Mais combien différente de son père, et par le charme et par la bonté !

– Silence, folle que tu es ! lui répondit brusquement Minos. Depuis quand te mêles-tu de politique ? Va arroser tes fleurs et ne songe plus à ces misérables Athéniens. C'est comme s'ils étaient déjà mangés.

Et il ne voulut pas entendre un mot de plus.

Cependant les victimes avaient été jetées pêle-mêle dans un noir cachot.

– Dépêchez-vous de dormir, leur dit un garde en refermant sur eux la lourde grille de fer, car le Minotaure a l'habitude de déjeuner de bon matin.

Épuisés par la douleur et les sanglots, ils tombèrent bientôt endormis. Seul Thésée veillait, arpentant la cellule. C'était lui, le plus fort et le plus brave, qui devait guetter et réfléchir pour tous les autres.

Un peu avant minuit, il vit l'éclat d'une torche. La grille grinça, et s'ouvrit, livrant passage à Ariane.

– Prince Thésée, êtes-vous éveillé ? demanda-t-elle.

– Oui, certes, répondit-il. Je ne veux pas perdre en sommeil le peu de temps qu'il me reste à vivre.

– Suivez-moi, dit-elle, et marchez doucement.

Elle leva sa torche pour lui montrer le chemin et Thésée la suivit dans les couloirs de la prison.

LE MINOTAURE

« Comment la princesse a-t-elle fait pour éloigner les gardes ? » se demanda-t-il.

Quoi qu'il en fût, elle ouvrit une à une toutes les portes, et le jeune homme se trouva bientôt à l'air libre sous un clair de lune resplendissant.

Quelle joie de humer l'air à pleine poitrine !

– Vous êtes libre, lui dit Ariane. Vous pouvez regagner votre vaisseau et faire voile vers Athènes.

– Me croyez-vous assez lâche pour cela ? s'écria le héros. Je ne quitterai la Crète qu'après avoir abattu le Minotaure et délivré mes compagnons.

– Je prévoyais votre réponse, dit la princesse. Venez alors avec moi, valeureux Thésée. Voici votre glaive : vous en aurez besoin.

Elle le mena par la main à travers un bois si touffu que les rayons de la lune n'en perçaient pas l'épaisseur. Après avoir marché quelque temps dans une obscurité totale, Thésée aperçut une lueur. Ils se trouvaient au pied d'un grand mur de marbre couvert de plantes grimpantes.

Ce mur était lisse et sans ouvertures. Impossible de le franchir ou de pénétrer au travers, semblait-il. Mais quand Ariane eut pressé du doigt un certain bloc de marbre, celui-ci tourna sur lui-même, et leur livra passage.

– C'est l'entrée du labyrinthe, dit Ariane.

Thésée n'ignorait pas cette étrange invention, due au cerveau compliqué de Dédale, l'habile ingénieur qui jadis avait fabriqué des ailes pour voler comme un oiseau[10].

---

10. Comme un oiseau : Dédale a confectionné des ailes qu'il a fixées avec de la cire sur son dos et celui de son fils Icare, pour s'enfuir du labyrinthe où Minos les avait enfermés.

MÉDUSE ET AUTRES LÉGENDES DE MONSTRES

Le labyrinthe était un fouillis de chemins et de passages, séparés les uns des autres par de petits murs, et qui faisaient tant de coudes et de détours qu'au bout de quelques pas on ne pouvait plus s'orienter. Voulait-on revenir en arrière, on se trompait au premier carrefour et l'on errait dans le labyrinthe jusqu'à ce que l'on tombât d'épuisement.

Comme le héros hésitait au seuil de ce terrible piège, il entendit un bruit sourd assez semblable au mugissement d'un taureau, mais pas très différent cependant de la voix humaine. C'était comme si un monstre à demi-animal et à demi-homme avait essayé d'articuler des paroles. Le bruit était trop lointain toutefois pour que Thésée pût en avoir le cœur net.

– C'est le cri du Minotaure, lui dit tout bas Ariane. Hélas ! il ne dort pas. Laissez-vous guider par sa voix dans les détours du labyrinthe, et bon courage ! Mais attendez ! Prenez un bout de ce peloton de soie. Je garderai l'autre dans ma main. Si vous êtes vainqueur du monstre, vous n'aurez qu'à suivre le fil pour revenir près de moi. Adieu, Thésée !

Le fil de soie dans la main gauche, le glaive à pommeau d'or dans la main droite, Thésée s'avança d'un pas résolu dans les mystérieux détours.

Au bout de cinq pas, il perdit Ariane de vue. Au bout de dix pas, il ne sut plus dans quelle direction était l'entrée du labyrinthe. Au bout de vingt pas, il se sentit tout étourdi à force de tourner. Mais il continua à avancer, tantôt rampant sous une voûte basse, tantôt montant

LE MINOTAURE

275 ou descendant des marches, tantôt franchissant une
porte ouverte qui se refermait aussitôt derrière lui. Parfois
les murs onduleux[11] semblaient se dérouler à ses yeux
comme le fil échappé d'un fuseau[12]. Et sans cesse il enten-
dait, parfois lointains, parfois tout proches, les mugisse-
280 ments discordants du Minotaure.

Tout à coup ce fut la nuit absolue. Thésée ne pouvait plus
progresser qu'en frôlant du bras la muraille sinueuse, ses
deux mains étant occupées l'une par son glaive, l'autre par
le fil. À cet instant il eut besoin de tout son courage, car il
285 se sentait sans défense dans le noir si son ennemi venait à
l'attaquer. Heureusement, la tendre Ariane imprimait de
temps en temps de petites secousses au fil de soie comme
pour lui dire qu'elle l'accompagnait par la pensée, et cela
lui réchauffait le cœur.

290 Il déboucha enfin dans un espace ouvert situé au centre
même du labyrinthe, et se trouva en présence du Minotaure.

Quel hideux spectacle ! Sa tête armée de cornes, son
poitrail, ses pattes de devant étaient d'un taureau, mais
295 le reste du corps, quoique complètement couvert de poils,
était d'un homme. Immense, taillé pour le combat, le
monstre, qui se tenait debout sur ses jambes de derrière,
tournait en tous sens dans sa solitude en poussant des
rugissements de rage. Peut-être était-il tenaillé par la faim.

300 Dès qu'il aperçut Thésée, il abaissa ses cornes aiguës et
fonça sur lui avec un hurlement formidable et, cette fois,

---

11. Murs onduleux : murs qui ne sont pas droits.
12. Fuseau : petite toupie allongée qui sert à tordre et enrouler le fil de laine.

MÉDUSE ET AUTRES LÉGENDES DE MONSTRES

presque humain. Le héros ne subit qu'une partie du choc, car il avait sauté de côté, mais peu s'en fallut qu'il ne fût culbuté. Il comprit aussitôt qu'il devait compter sur son
305 agilité plutôt que sur sa force.

Le combat le plus acharné peut-être qui se soit jamais déroulé sous le ciel avait commencé. Je ne sais vraiment ce qui serait advenu si le monstre, manquant Thésée de l'épaisseur d'un cheveu, n'était allé donner contre
310 la muraille[13] en fracassant une de ses cornes. Mais, dès lors, la lutte devint moins inégale. Thésée, par de rapides manœuvres, faisait en sorte d'attaquer le Minotaure du côté désarmé, et celui-ci, comptant sur sa corne absente, donnait des coups de tête qui ne rencontraient que le vide.

315 Thésée, pourtant, à bout de souffle, perdait de sa prestesse[14]. Et voici qu'atteint au bras gauche, il roule à terre ! Mais, à peine meurtri, il garde toute sa présence d'esprit, et comme le monstre, croyant déjà triompher, ouvre son énorme mâchoire pour le déchirer, il se relève d'un bond
320 et lui fait sauter la tête !

Aussitôt la lune, qui s'était voilée de nuages, se mit à resplendir comme pour illuminer le triomphe du héros. La mort du Minotaure, c'était comme si tous les maux et tous les crimes avaient disparu de la terre.

325 Tandis que Thésée, appuyé sur son glaive, reprenait haleine, il sentit remuer dans sa main le fil de soie qu'il n'avait pas lâché pendant tout le combat. Impatient d'apprendre sa victoire à Ariane, il suivit le fil conducteur et se retrouva bientôt à l'entrée du labyrinthe.

---

13. Donner contre la muraille : heurter la muraille.
14. Prestesse : rapidité et agilité.

LE MINOTAURE

– Tu as vaincu le monstre ! s'écria la princesse en joignant les mains.

– Grâce à toi, chère Ariane, répondit modestement Thésée.

– Hâtons-nous, dit-elle. Il faut fuir avant le lever du soleil, sans quoi mon père voudra venger le Minotaure.

Ils eurent bientôt gagné la prison, délivré les captifs (qui se demandaient s'ils ne rêvaient pas), gagné le port, sauté à bord du navire et... en route pour Athènes !

Mais ici, je dois vous l'avouer, les historiens[15] ne sont pas d'accord. Les uns disent qu'Ariane suivit Thésée, qu'elle avait aimé au premier regard, et que celui-ci l'emmena en effet, mais l'abandonna sur une île déserte avant de rentrer à Athènes. Je me hâte de dire que je n'en crois rien : jamais un héros aussi noble n'aurait agi de la sorte.

Les autres historiens soutiennent, et je suis de leur avis, que la princesse voulut demeurer avec son père. Elle ne craignait pas sa colère, persuadée qu'il lui pardonnerait avec le temps, et elle ne désespérait pas de lui apprendre peu à peu la bonté, car elle croyait que le mal s'était éteint en Crète avec le Minotaure.

Quoiqu'il en soit, dès que le navire fut sorti du port, une brise légère l'emporta vers le large. Les fugitifs aperçurent au loin Talus qui brillait sous la lune. Lui aussi vit le vaisseau, mais trop tard pour arrêter sa course. Il essaya bien de le rattraper en franchissant à pas immenses les pics et les falaises, mais il ne pouvait accélérer son propre mécanisme. On le vit jeter sa massue dans la direction des

---

15. Historiens : ici, ceux qui racontent des histoires, des mythes.

MÉDUSE ET AUTRES LÉGENDES DE MONSTRES

Athéniens. En vain : le coup porta à faux et elle s'abîma de toute sa hauteur dans la mer en lançant de grandes gerbes d'écume. Nul doute qu'elle y soit encore.

Vous pouvez imaginer avec quelle joie les quatorze jeunes gens furent accueillis à Athènes. Mais un fâcheux événement jeta un voile de tristesse sur les réjouissances. Vous vous souvenez que le roi Égée avait demandé à son fils de hisser des voiles blanches s'il revenait sain et sauf. Eh bien ! Thésée oublia complètement cette recommandation et revint avec les mêmes voiles noires. Si bien que le pauvre vieux père, qui montait chaque jour péniblement au haut de la falaise, voyant les voiles de deuil, crut que son fils unique avait été dévoré par le Minotaure. De douleur il perdit connaissance et tomba dans la mer[16] avec sa couronne et son sceptre.

Thésée fut consterné d'avoir hâté la mort de son père par son fatal oubli. Jamais il ne se pardonna cette faute. Mais il n'eut pas le temps de tomber dans la mélancolie, car il se trouvait, bon gré, mal gré, roi de tout le pays, c'est-à-dire extraordinairement occupé. Il envoya chercher sa mère, qui vint vivre auprès de lui, et dès lors il gouverna sagement en suivant ses conseils.

---

16. La mer Égée, partie de la Méditerranée qui sépare la Grèce de l'Asie.

QUESTIONS SUR LE MINOTAURE (2)

AI-JE BIEN LU ?

1 Remettez les actions dans l'ordre.

a. Thésée oublie de hisser les voiles blanches.

b. Le roi de Crète emprisonne Thésée et ses compagnons.

c. Thésée s'ennuie à Athènes.

d. Ariane vient en aide à Thésée.

e. Thésée devient roi d'Athènes.

f. Thésée part en bateau pour la Crète, avec les jeunes Athéniens.

g. Thésée affronte le Minotaure.

J'ANALYSE LE TEXTE

Le parcours initiatique de Thésée

2 **a.** Quel est l'itinéraire suivi par Thésée ? Repérez les lieux sur la carte (p. 9) ?

b. Quelle mission s'impose-t-il ?

3 Quel personnage est le gardien de l'île de Crète ? Pourquoi laisse-t-il passer Thésée ?

> INFO+
>
> Le **labyrinthe** ou dédale (du nom de son constructeur légendaire) est un réseau de galeries compliqué, dont il est impossible de sortir. Il abrite le monstrueux Minotaure. Il symbolise le **voyage initiatique** du héros.

4 Qui est Ariane ? Quel est son rôle dans le parcours de Thésée ?

5 **a.** De quelles qualités Thésée fait-il preuve en affrontant le Minotaure ?

b. En quoi est-il devenu un héros d'exception ? (l. 321-324)

CARNET DE LECTURE

73

QUESTIONS SUR LE MINOTAURE (2)

6 **a.** Quelle promesse faite à son père Thésée oublie-t-il à son retour ? Quelles en sont les conséquences ?
b. Que symbolise la couleur des voiles du bateau?

7 Pensez-vous que Thésée sera un bon roi ? Citez le texte.

Un combat épique

INFO+

L'**épopée** ou **poème épique** raconte les aventures d'un héros au destin extraordinaire. Le combat du héros contre le monstre suscite terreur et admiration ; il est un motif essentiel du récit épique.

8 Délimitez les trois étapes du récit du combat (l. 267-335) : la présentation des adversaires, le combat lui-même, l'issue du combat.

Étape 1 : l. ...... à .....   Étape 2 : l. ...... à .....   Étape 3 : l. ...... à .....

9 Classez dans le tableau les expressions, selon qu'elles suscitent, chez le lecteur, la peur ou l'admiration :

rugissements de rage   d'un pas résolu   agilité

ouvre son énorme mâchoire   sans défense dans le noir

hurlement formidable   garde toute sa présence d'esprit

manquant Thésée de l'épaisseur d'un cheveu

Peur	Admiration

CARNET DE LECTURE

> ┌─ INFO+
> L'épopée met en avant la **violence des combats** et amplifie souvent
> la réalité pour impressionner le lecteur.

10 **a.** Relevez le champ lexical de la violence.

b. Citez une phrase qui l'amplifie ou l'exagère (l. 306-314).

Des monstres aux frontières de l'humain

11 Le Minotaure est doté de différentes caractéristiques physiques. Sont-elles humaines, animales, les deux ? Répondez à
l'aide du tableau (l. 293-305).

Caractéristiques	animales	humaines	animales et humaines
Tête, poitrail, pattes de devant			
Reste du corps			
Voix			

12 Faites le portrait du géant Talus. Est-il vivant ou mécanique ?

JE FAIS LE BILAN

13 Relisez les deux textes et rédigez le bilan en indiquant :
– les principales étapes du parcours de Thésée ;
– les qualités dont il a fait preuve ;
– les monstres qu'il a rencontrés et/ou vaincus.

J'ÉTUDIE LA LANGUE

Grammaire : les valeurs du passé simple et de l'imparfait

> ┌─ INFO+
> Dans un récit au passé, le **passé simple** traduit des actions de pre-
> mier plan, l'**imparfait** traduit l'arrière-plan du récit (description,
> actions habituelles, actions secondaires ou qui durent).

QUESTIONS SUR LE MINOTAURE

14 **a.** Dans l'extrait ci-dessous, relevez les verbes conjugués et identifiez leur temps.

« Elle le mena par la main à travers un bois si touffu que les rayons de la lune n'en perçaient pas l'épaisseur. Après avoir marché quelque temps dans une obscurité totale, Thésée aperçut une lueur. Ils se trouvaient au pied d'un grand mur de marbre couvert de plantes grimpantes.
Ce mur était lisse et sans ouvertures. » (l. 233-238)

b. Classez-les ensuite dans le tableau.

Actions de premier plan	Actions d'arrière-plan
	– durée : ....
	– description : ....

Vocabulaire : les expressions héritées de l'Antiquité

15 Recherchez sur Internet ou dans un dictionnaire le sens actuel de ces expressions :
a. Le fil d'Ariane : ....
b. Un travail de Titan : ....
c. Une force herculéenne : ....
d. Le lit de Procuste : ....

J'ÉCRIS

Réécrire un texte en changeant de narrateur

16 Réécrivez les lignes 58 à 65 (texte 3, p. 51-52) en imaginant que Thésée raconte sa propre histoire.

> AIDE
> • Menez le récit à la 1re personne.
> • Faites les modifications qui s'imposent (pronoms, déterminants, verbes...).

CARNET DE LECTURE

TEXTE 5

La Toison d'Or (1)

Quand le roi d'Iolchos[1] perdit son trône, son fils Jason, qui était alors un petit garçon, fut envoyé chez un étrange maître d'école du nom de Chiron. Ce Chiron était un centaure, c'est-à-dire qu'il avait un corps et des jambes
5 de cheval, mais une tête et des épaules d'homme. Il vivait dans une caverne.

Malgré son apparence singulière, Chiron était un excellent maître. Il avait déjà éduqué Hercule et Achille[2] et aussi Esculape[3], qui devint un fameux médecin. Le bon
10 centaure apprenait entre autres à ses élèves à jouer de la harpe, à guérir les malades et à manier l'épée. Quand il était content d'eux, il leur disait de sauter sur son dos et puis il se mettait à galoper à travers la prairie : cela en faisait de parfaits cavaliers.

15 Jason profita à merveille des leçons de son maître à quatre jambes. Tant et si bien qu'à seize ans, il tirait de la harpe des sons très agréables, savait trouver les herbes qui guérissent, montait à cheval (ou à centaure) avec une aisance sans pareille, et surtout jouait de l'épée comme
20 un héros.

Or cette épée, justement, il lui prit un jour envie de s'en servir pour de bon. Chiron ne lui avait pas caché que le roi

---

1. Iolchos : ancienne cité grecque de Thessalie, au nord d'Athènes.
2. Achille : héros grec de la guerre de Troie.
3. Esculape : dieu de la médecine.

MÉDUSE ET AUTRES LÉGENDES DE MONSTRES

son père avait été détrôné par un certain Pélias[4], un très méchant homme qui n'aurait pas hésité à le faire mourir, lui, Jason, si on ne l'avait pas éloigné dès son enfance. Il se disait donc qu'il avait un compte à régler avec ce Pélias.

Mais le centaure le laisserait-il partir ? Non, sans doute. D'abord Jason lui avait été confié. Ensuite Chiron trouverait qu'il n'avait pas encore assez de plomb dans la cervelle pour courir le monde.

L'aventureux garçon décida donc de s'en aller sans rien dire. Ce n'était pas bien, il le sentait, et d'ailleurs cela lui faisait beaucoup de peine de partir sans avoir dit adieu au centaure, mais il ne tenait plus en place à l'idée de punir Pélias comme ce scélérat le méritait.

Un beau matin, il chaussa les sandales à lacets d'or qu'il tenait de son père, jeta sur ses épaules une peau de léopard, prit un javelot dans chaque main et se mit en route. Il allait d'un bon pas, ses longues boucles blondes flottant au vent, et j'ai à peine besoin de vous dire que les gens qu'il rencontrait se retournaient sur son passage pour suivre du regard ce radieux jeune homme si fièrement vêtu.

Au bout de quelque temps, Jason arriva au bord d'un torrent tumultueux, grossi par les neiges du mont Olympe. Point de pont. Point de barque non plus. Et s'il y en avait eu une, les eaux écumeuses qui charriaient des troncs d'arbres, voire des moutons noyés, l'auraient engloutie en un rien de temps. Que faire ?

---

4. Pélias : demi-frère d'Aeson, père de Jason.

LA TOISON D'OR

50 – Pauvre garçon, dit soudain tout près de lui une voix chevrotante[5], il ne sait comment traverser ce petit cours d'eau. A-t-il peur de mouiller ses belles sandales ? Quel dommage que son maître ne soit pas là pour le porter sur son dos !

55 Jason, stupéfait, se retourna. Il vit une vieille femme enveloppée dans une pèlerine en loques et qui s'appuyait sur un bâton dont l'extrémité figurait un coucou[6]. Elle avait l'air très âgée, toute ridée et infirme, mais ses grands yeux bruns, qui ressemblaient à des yeux de vache, étaient
60 extraordinairement pénétrants. Elle tenait à la main une grenade[7], bien que ce n'en fût pas la saison.

– Où vas-tu, Jason ? demanda-t-elle, et, tandis qu'elle parlait, un paon[8] vint se poser à son côté.

– Je vais à Iolchos, répondit le jeune homme de plus
65 en plus étonné. Je veux forcer le méchant roi Pélias à descendre du trône de mon père et à me céder la place.

– Si tu n'as que cela à faire, dit la vieille femme de la même voix chevrotante, tu n'as pas lieu de te presser et tu as bien le temps de nous porter de l'autre côté de la
70 rivière, moi et mon paon.

– Bonne mère, repartit Jason, ce que vous avez vous-même à faire peut-il être plus important que de détrôner un roi ? Je vous porterais volontiers si je le pouvais, mais je doute d'être assez fort, et le courant risquerait de nous
75 balayer.

---

5. Chevrotante : tremblante et cassée.
6. Coucou : oiseau grimpeur, de la taille d'un pigeon ; Jupiter (ou Zeus) se métamorphosa en coucou pour séduire la déesse Junon (ou Héra).
7. Grenade : voir tableau des dieux, p. 6.
8. Paon : voir tableau des dieux, p. 6.

MÉDUSE ET AUTRES LÉGENDES DE MONSTRES

– Alors, dit-elle avec mépris, tu n'es pas non plus assez
fort pour renverser le roi Pélias. Et si tu ne viens pas en
aide à une vieille femme dans le besoin, tu n'es pas digne
d'être roi. J'essayerai donc de lutter contre le courant avec
80 mes pauvres vieux membres.

Ce disant, elle tâtait déjà de son bâton le lit de la rivière.
Le centaure avait bien souvent répété à Jason qu'il n'est
rien de plus noble que de secourir les faibles. Honteux de
lui-même, il s'agenouilla et pria la vieille dame de monter
85 sur son dos, ajoutant :

– Allons ! Si le courant vous emporte, il m'emportera moi
aussi.

– Ce sera là une grande consolation pour tous deux,
répondit-elle d'un ton ironique. Mais ne crains rien : nous
90 arriverons sains et saufs sur l'autre rive.

Elle passa ses bras autour du cou de Jason, qui la chargea
sur son dos et s'engagea hardiment dans l'eau furieuse.
Quant au paon, il vint se jucher sur l'épaule de la vieille
dame.

95 Heureusement que Jason avait dans chaque main
un javelot. Il s'en servit comme de bâtons pour éviter
de trébucher sur les rocs invisibles. Pourtant, à chaque
instant, il s'attendait à être emporté par la violence du
flot, et à s'en aller à la dérive, ainsi que la vieille dame
100 et le paon, parmi les troncs flottants et les carcasses de
moutons.

Il était juste à mi-chemin lorsqu'un arbre déraciné,
retenu jusqu'alors par les rocs, s'en dégagea et se rua
vers lui, ses branches à demi fracassées tendues comme

LA TOISON D'OR

cent bras pour le saisir. Par miracle l'arbre passa sans le toucher. Mais tout de suite après Jason se prit le pied entre deux pierres et, dans l'effort qu'il fit pour se libérer, perdit l'une des sandales à lacets d'or. Il poussa un cri de dépit.

– Qu'y a-t-il, Jason ? demanda la vieille dame.

– Il y a que je viens de perdre une sandale. De quoi aurai-je l'air à la cour du roi Pélias avec un pied nu ?

– Ne te désole pas, répliqua-t-elle gaiement. C'est très heureux au contraire. Cela prouve que tu es bien celui qu'annonçait le Chêne Parlant[9].

Jason était trop affairé pour demander ce qu'avait dit ce chêne doué de la parole, mais le ton enjoué de l'étrange voyageuse lui redonna courage. Il se sentit plus fort que jamais, fit encore douze pas dans le courant, et, gagnant l'autre rive, eut bientôt déposé sur l'herbe la vieille dame et son paon.

– Va, tu auras sous peu des sandales plus belles encore, dit-elle en voyant que Jason regardait avec regret son pied nu. Et je te promets que le roi Pélias deviendra pâle comme un mort quand tu te présenteras mi-chaussé devant lui. Voilà ton chemin. Emporte ma bénédiction et, quand tu seras sur le trône, souviens-toi de la vieille femme que tu aidas à traverser le courant.

Elle lui adressa un sourire et s'en alla en s'appuyant sur son bâton. Si cassée et si clopinante qu'elle fût, Jason se dit qu'il y avait quelque chose de noble et de majestueux dans sa démarche. Elle aurait pu être une vieille reine. Quant

---

9. Chêne Parlant : chêne sacré de la forêt de Dodone, qui exprime la volonté du roi des dieux (voir tableau des dieux, p. 6).

MÉDUSE ET AUTRES LÉGENDES DE MONSTRES

au paon qui marchait maintenant à son côté en faisant la roue, quelles magnifiques plumes il étalait au regard !

Le jeune homme poursuivit sa route. Après plusieurs
135 jours de marche, il arriva aux abords d'une ville située au pied d'une montagne et non loin de la mer. Une foule de gens, tous en habits de fête, se dirigeaient vers le rivage où l'on voyait s'élever une colonne de fumée.

– Quelle est cette ville et pourquoi tout ce monde est-il
140 rassemblé ? demanda Jason à un passant.

– C'est Iolchos, lui répondit-il. Nous sommes les sujets du roi Pélias. Il sacrifie aujourd'hui un taureau noir à son père Neptune[10] – vous pouvez voir la fumée monter là-bas de l'autel – et il a convoqué tout le peuple à cette occasion.

145 L'homme regardait avec curiosité Jason, sa peau de léopard et ses deux javelots. Mais quand il eut remarqué son pied nu, il s'écria aussitôt à l'adresse de son voisin :

– Regardez, regardez ! L'étranger n'a qu'une sandale !

Le voisin regarda, puis le voisin du voisin. Et bientôt on
150 se mit à crier de droite et de gauche :

– Il n'a qu'une sandale ! Qu'une sandale ! L'homme à l'unique sandale est venu ! Que va-t-il faire ? Que va dire le roi ?

Jason fut étonné et un peu gêné de voir qu'on attachait
155 tant d'importance à ce petit défaut de son costume. Il espéra qu'on finirait par l'oublier et chercha à se perdre dans la foule.

Celle-ci l'emporta dans la direction de la fumée. Il se trouva bientôt tout près de l'autel. Le roi, qui tenait un

---

10. Neptune (ou Poséidon) : dieu de la mer.

LA TOISON D'OR

grand couteau, était juste sur le point de trancher la gorge à un taureau noir.

Mais les voisins de Jason n'avaient pas cessé de pousser des exclamations de surprise. C'était maintenant comme un grand murmure qui courait dans toute la foule. Et le murmure ne fit que croître pour devenir une clameur qui vint frapper les oreilles du roi.

Il tourna la tête avec colère et vit Jason, seul dans un espace vide : tous ceux qui l'entouraient s'étaient écartés de lui et le montraient du doigt.

– Qui es-tu ? s'écria le roi d'une voix de tonnerre. Comment oses-tu troubler mon sacrifice à Neptune ?

– Ce n'est pas ma faute, répondit Jason. Je ne sais pourquoi les sujets de Votre Majesté font tant de bruit pour la seule raison que j'ai un pied nu. Ce n'est pas très courtois envers un étranger.

Le roi regarda le pied de Jason, tressaillit et crispa la main sur son couteau.

Il faut savoir que le Chêne Parlant de Dodone lui avait dit[11], bien des années auparavant, qu'il serait renversé de son trône par un homme chaussé d'une seule sandale. Depuis lors, il avait donné l'ordre qu'on examinât toujours soigneusement les pieds des gens qui devaient paraître devant lui au palais. En outre, un officier était spécialement chargé d'inspecter les sandales et de les remplacer aux frais du trésor royal si elles montraient le moindre signe d'usure. Et voilà qu'on avait laissé arriver jusqu'à lui un étranger qui avait un pied nu !

---

11. Le roi des dieux exprimait sa volonté par le murmure des feuilles de chêne dans la forêt de Dodone.

MÉDUSE ET AUTRES LÉGENDES DE MONSTRES

Étant aussi rusé que méchant, il décida de dissimuler ses craintes et sa fureur.

190 – Mon bon jeune homme, dit-il à Jason avec une feinte douceur, vous êtes le bienvenu dans mon royaume. Si j'en juge par votre costume, vous devez venir de loin, car ce n'est pas la mode dans nos régions de porter des peaux de léopard. Puis-je vous demander votre nom et où vous avez

195 été élevé ?

– Mon nom est Jason, répondit le fils du roi Aeson. Depuis ma petite enfance, j'ai habité dans la caverne de Chiron, qui m'a appris la musique, l'équitation et l'art de guérir les blessures, comme celui d'en infliger à mes enne-

200 mis !

– Je suis très heureux, répondit Pélias, de recevoir l'élève d'un maître aussi sage. Mais pour voir jusqu'où va votre science, voulez-vous me permettre de vous poser une question ?

205 – Certes, dit Jason. Je vous répondrai de mon mieux.

– Que feriez-vous donc, brave Jason, dit le roi avec un vilain sourire, si vous aviez devant vous, et à votre merci[12], un homme dont vous savez pertinemment qu'il complote votre ruine ?

210 Jason comprit que le roi avait deviné pourquoi il était venu et que, sans doute, il allait retourner contre lui sa réponse[13]. Mais il jugea indigne de lui de dire un mensonge et, après avoir hésité quelques instants, répondit coura-geusement :

215 – Je l'enverrais chercher la Toison d'Or !

---

12. **À votre merci :** en votre pouvoir.
13. **Retourner contre lui sa réponse :** utiliser sa réponse pour lui nuire.

LA TOISON D'OR

C'était là l'entreprise la plus dangereuse qui fût. On ne pouvait guère s'attendre à revoir vivant quiconque se lançait dans pareille équipée. Aussi les yeux du roi Pélias brillèrent-ils d'une joie cruelle.

220 – Vas-y donc toi-même ! s'écria-t-il. Et ramène-moi la Toison d'Or au péril de ta vie.

– J'irai, dit calmement Jason. Mais si je rapporte la Toison, roi Pélias, tu devras me donner ton sceptre et ta couronne.

225 – C'est entendu, répondit le roi avec un rire moqueur. D'ici là, je les garderai soigneusement à ton intention.

La première chose que fit Jason après avoir quitté le roi fut d'aller consulter le Chêne Parlant à Dodone.

Ce prodigieux arbre, situé au centre d'une antique 230 forêt, s'élevait à cent pieds dans les airs, et couvrait de son ombre épaisse un acre[14] de terrain. Debout sous les branches noueuses et plongeant son regard dans les profondeurs du feuillage, Jason demanda à haute voix :

– Que dois-je faire pour conquérir la Toison d'Or ?

235 Tout d'abord un grand silence régna dans le bois. Mais, après quelques instants, et bien que les autres arbres restassent tout à fait tranquilles, les feuilles du chêne commencèrent à frémir, comme au souffle d'une légère brise. À frémir et à bruire[15].

240 Peu à peu le bruissement grandit. Il devint une immense rumeur, faite des mille et mille murmures de mille et mille feuilles, de mille et mille langues, eût-on dit.

---

14. Acre : ancienne unité de mesure de surface, entre 3 000 et 6 000 m².
15. Bruire : faire entendre un léger bruit continu.

MÉDUSE ET AUTRES LÉGENDES DE MONSTRES

Et Jason perçut distinctement ces mots, prononcés d'une voix profonde :

245 – Va trouver Argus, le constructeur de navires, et fais-lui construire une galère[16] de cinquante rameurs.

Puis la voix retomba dans un murmure, et le murmure s'éteignit.

« Ne me suis-je pas trompé ? N'est-ce pas mon imagi-
250 nation qui m'a fait entendre des paroles dans le vent ? » pensait Jason en s'en retournant à Iolchos.

Mais, là, il apprit qu'Argus existait pour de bon et qu'il était fort habile, en effet, à construire des vaisseaux. Il alla le voir sans tarder. Argus se déclara prêt à lui faire
255 une galère de cinquante rameurs, bien qu'on n'eût encore jamais vu si grand vaisseau.

Dès l'aube du lendemain, le chantier retentit du bruit des marteaux. Il y avait là tant d'ouvriers qu'au bout de quelques semaines la nouvelle galère, *Argo*[17], était prête à
260 prendre la mer. Alors Jason pensa qu'il ferait bien d'aller de nouveau demander conseil au Chêne Parlant.

Cette fois, une seule branche se mit à frémir et à bruire au-dessus de sa tête, tandis que tout le reste du feuillage demeurait immobile.

265 – Coupe-moi, coupe-moi ! dit la branche, et fais de moi une figure de proue[18] pour ta galère.

Jason la prit au mot[19], la coupa, et l'apporta à un habile artisan qui faisait métier de tailler des figures de proue.

---

16. Galère : grand navire à rames, utilisé dans l'Antiquité.
17. Argo : la « rapide » en grec.
18. Figure de proue : sculpture en bois qui orne l'avant d'un navire.
19. La prit au mot : accepta sa proposition.

La construction du vaisseau *Argo* par Athéna (à gauche), Tiphys (au centre) et Argus (à droite) (Ier s. apr. J.-C.), relief romain en terre cuite, British Museum.

Cet artisan sculptait toujours les mêmes figures de femme aux yeux fixes, mais cette fois sa main fut comme guidée par un pouvoir invisible, et il exécuta un modèle tout nouveau. C'était encore une femme, mais coiffée d'un casque de sous lequel s'échappaient de longues boucles. Son bras droit étendu désignait le ciel. Son bras gauche portait un écusson où l'on voyait gravée la tête de Méduse. Son visage majestueux et grave respirait la sagesse[20]. Jason fut ravi :

---

20. Voir tableau des dieux, p. 6.

MÉDUSE ET AUTRES LÉGENDES DE MONSTRES

– Quelle belle statue ! s'écria-t-il. Avec pareille figure de proue, on peut aller au bout du monde. Je vais m'en retourner auprès du Chêne Parlant et lui demander une fois encore ce que je dois faire.

– C'est inutile, Jason, dit une voix profonde qui lui rappela celle du grand chêne. Si tu as besoin d'un conseil, je suis là.

Jason avait vu bouger les lèvres de bois et ne pouvait douter que la voix ne fût celle de la statue. Après un moment de stupeur, il se dit qu'après tout il était naturel qu'une statue qui avait l'air aussi vivante fût douée de la parole. D'ailleurs, n'avait-elle pas été taillée dans une branche du Chêne Parlant ?

– Dis-moi donc, merveilleuse image, s'écria-t-il, puisque tu as hérité la sagesse du Chêne Parlant dont tu es la fille, dis-moi où je trouverai cinquante hardis jeunes hommes pour ramer sur ma galère !

– Va faire appel à tous les héros de la Grèce, répondit l'image de chêne.

Sans tarder, Jason envoya des messagers dans toutes les villes pour proclamer que lui, prince Jason, fils du roi Aeson, s'en allait à la conquête de la Toison d'Or et qu'il demandait l'aide des quarante-neuf jeunes gens les plus braves et les plus forts qui fussent en Grèce pour ramer sur sa galère et partager ses dangers.

Son appel ne resta pas sans réponse. Les héros ne tardèrent que le temps de fourbir[21] leurs armes, et bientôt ils se pressèrent autour de Jason sur le pont du navire.

---

21. Fourbir : rendre brillant un objet de métal en le frottant.

LA TOISON D'OR

Les uns étaient de tout jeunes hommes encore imberbes[22], qui brûlaient de pourfendre leur premier dragon. Les autres avaient déjà fait leurs preuves. Disons seulement qu'il y avait là Hercule, dont les épaules devaient plus tard soutenir le ciel ; les jumeaux Castor et Pollux qui, pour être nés d'un œuf, n'étaient certes pas des poules mouillées[23]; Thésée, qui avait tué le Minotaure ; Lyncée, dont le regard perçant découvrait les trésors enfouis[24] ; Orphée[25], qui au son de sa harpe faisait danser les bêtes sauvages et les arbres des forêts ; les deux fils du Vent du Nord qui, en cas de calme prolongé, pouvaient vous envoyer une bonne brise dans les voiles ; et plusieurs devins qui voyaient si clairement l'avenir qu'ils en oubliaient le présent. Il y avait même une belle jeune fille, Atalante, qui avait jadis été nourrie par un ours dans les montagnes et qui était si légère qu'elle sautait d'une vague à l'autre sans même mouiller sa sandale.

Jason nomma pilote un certain Tiphys, qui connaissait les étoiles. Quant à Lyncée, dont le regard portait si loin, il se tiendrait sur la proue pour voir et annoncer le temps du lendemain.

Il ne restait plus qu'à mettre la galère à flot. Or elle était extrêmement lourde. Les cinquante athlètes poussèrent tant qu'ils purent, mais *Argo* ne bougea pas. Hercule, pour sûr, n'avait pas encore toutes ses forces. Il devint cramoisi dans l'effort et les veines de son front se gonflèrent. En vain.

---

22. Imberbes : sans barbe.
23. Castor et Pollux : fils de Léda et de Jupiter métamorphosé en cygne.
24. Lyncée : héros célèbre par sa vue perçante, qui a donné son nom au Lynx, en raison de l'acuité de son regard.
25. Orphée : fils d'une Muse, le premier des poètes et des musiciens.

MÉDUSE ET AUTRES LÉGENDES DE MONSTRES

Allaient-ils donc en rester là ? Quelle piteuse[26] situation pour des héros !

– Ô fille du Chêne Parlant, cria Jason à la figure de proue, comment mettre à flot notre navire ?

– Asseyez-vous à vos bancs, dit-elle, prenez les rames en main, et qu'Orphée joue de la harpe.

Les héros montèrent à bord, saisirent les rames et les tinrent levées en l'air. Orphée fit courir ses doigts sur la harpe. Dès les premières notes, le vaisseau frémit de toute sa membrure. Quand la musique devint rapide et entraînante, il n'y tint plus et s'élança sur les eaux.

Aussitôt les cinquante héros firent force de rames.

Il fallait voir la galère bondir sur les vagues en mesure avec la musique ! Tantôt elle plongeait sa proue si profond dans la mer que la figure de proue buvait l'écume, tantôt elle la dressait fièrement, comme un col de cygne. Et ainsi sortit-elle triomphalement du port, parmi les acclamations de la foule.

Il n'y avait qu'un homme qui fût loin de lui souhaiter bonne chance : c'était le méchant roi Pélias. Debout sur un promontoire, il l'accompagnait d'un regard de haine en grommelant des malédictions entre ses dents.

---

26. Piteuse : qui suscite la pitié, triste, honteuse.

QUESTIONS SUR LA TOISON D'OR (1)

AI-JE BIEN LU ?

1 Reliez chaque début de phrase à la suite qui lui correspond.

Le roi d'Iolchos a été détrôné par...	... quarante-neuf héros grecs
Jason son fils est élevé par...	... l'homme à l'unique sandale
Son éducation terminée, Jason part pour...	... la conquête de la Toison d'Or
En traversant un torrent, Jason rencontre...	... Argo
À cause d'une prédiction, le roi d'Iolchos a peur de...	... Chiron, le centaure
Pélias envoie Jason à...	... une vieille femme
Jason construit un bateau...	... Iolchos
Jason recrute....	... son frère Pélias

J'ANALYSE LE TEXTE

Le parcours initiatique de Jason

> INFO+
> La **traversée de la rivière** a une **portée symbolique** : le héros surmonte un obstacle pour passer d'un état inférieur à un état supérieur, et/ou accéder à la connaissance.

CARNET DE LECTURE

QUESTIONS SUR LA TOISON D'OR (1)

2 **a.** Jason rencontre une vieille femme au bord du torrent. Quelle demande lui fait-elle ?

b. Pourquoi Jason refuse-t-il dans un premier temps ? Quel sentiment le pousse finalement à accepter ?

3 **a.** Quelle révélation la vieille femme fait-elle à Jason après la traversée de la rivière ?

b. Quels conseils la divinité de Dodone donne-t-elle à Jason ?

4 **a.** Comment Jason se comporte-t-il face à Pélias (l. 167-226) ?

b. Quels sont les dangers de sa mission ?

Dieux, monstre et héros

5 Les dieux aident Jason dans sa quête. Reconnaissez-les grâce à leurs attributs (voir le tableau des dieux, p. 6).

	Attributs	Noms des divinités
La vieille femme		
La divinité de Dodone		
La figure de proue		

6 Le centaure Chiron est-il un monstre ? Est-il au service du bien ou du mal ?

7 **a.** Quels sont les autres héros ou dieux élevés par Chiron ?

b. Citez les héros ou dieux qui accompagnent Jason sur l'Argo.

JE FORMULE MES IMPRESSIONS

8 Au terme de cette première étape, Jason est-il, à votre avis, devenu un héros ? Pourquoi ?

TEXTE 6

La Toison d'Or (2)

Tout en ramant vers la Toison d'Or, Jason et ses compagnons en contaient à nouveau l'histoire. Elle avait appartenu jadis à un bélier de Béotie[1] qui, voyant deux enfants menacés de mort, les avait emportés sur son dos, à travers
5 terre et mer, jusqu'à la lointaine Colchide[2]. L'un des enfants, la petite Hellé, était tombé dans la mer et s'était noyé[3], mais l'autre, un garçon du nom de Phrixus, avait été sauvé. Quant au bélier, épuisé par l'effort, il était mort en atteignant le rivage. En mémoire de sa bonne action,
10 sa toison avait été miraculeusement changée en or. Elle était à présent suspendue à un arbre dans un bois sacré, convoitée par nombre de rois qui n'avaient rien d'aussi beau dans leurs palais.

On ne saurait compter toutes les aventures qui arri-
15 vèrent aux Argonautes avant d'atteindre la Colchide. Dans l'île du roi Cyzique[4], par exemple, ils délivrèrent le bon souverain, qui les avait très bien reçus, d'un grand fléau. Des géants à six bras descendaient de temps en temps de la montagne voisine pour ravager son pays. Nos héros leur
20 donnèrent la chasse, en tuèrent un grand nombre et obligèrent les autres à se sauver comme s'ils avaient eu non seulement six bras, mais six jambes.

---

1. Béotie : région grecque, au nord d'Athènes.
2. Colchide : pays au bord de la mer Noire, dans l'Antiquité.
3. La mer de Marmara, située entre la Méditerranée et la mer Noire, portait le nom d'Hellespont (« mer d'Hellé » en grec), dans l'Antiquité.
4. Cyzique : cité grecque au bord de la mer de Marmara, portant le nom de son roi.

MÉDUSE ET AUTRES LÉGENDES DE MONSTRES

En Thrace[5] ils trouvèrent un pauvre roi aveugle, du nom
de Phinée, que tourmentaient sans cesse les Harpyes.
25 C'étaient trois grands vautours à tête de femme qui
venaient chaque jour lui dérober son dîner. Les Argonautes dressèrent un festin sur le rivage, et quand les
Harpyes, attirées par l'odeur des mets, vinrent les saisir
et les emporter dans leurs serres, les deux fils du Vent du
30 Nord qui avaient des ailes aux épaules se lancèrent à leur
poursuite dans les airs. Disons seulement qu'ils les rejoi-
gnirent et leur firent perdre toute envie de recommencer.

Dans une île dont j'ai oublié le nom, comme les Argonautes se reposaient sur l'herbe, ils furent soudain assail-
35 lis par une pluie de flèches qui se fichaient dans leurs
boucliers et même, hélas, dans leurs membres. Ils regar-
dèrent de tous côtés : personne ! Et les flèches tombaient
toujours. Enfin, Jason, ayant levé les yeux en l'air, vit qu'un
essaim d'oiseaux tournoyait au-dessus de leurs têtes.
40 C'étaient eux qui décochaient sur les Argonautes leurs
plumes d'acier. Courant à la galère, il s'écria :

– Ô fille du Chêne Parlant, nous avons plus que jamais
besoin de ta sagesse ! Des oiseaux nous transpercent de
leurs plumes d'acier. Que faire pour les chasser ?

45 – Faites du bruit en frappant vos boucliers, dit la figure
de proue.

Jason retourna en toute hâte auprès de ses compagnons
et leur répéta cet excellent conseil. Aussitôt les cinquante
héros se mirent à battre de leur épée leurs boucliers de

---

5. Thrace : région au nord-est de la Grèce, dans l'Antiquité.

LA TOISON D'OR

bronze. Cela fit un tintamarre formidable et les oiseaux, prenant peur, s'envolèrent à tire-d'aile avec ce qui leur restait de plumes.

Pendant les quelques jours que les Argonautes s'attardèrent dans l'île à guérir leurs blessures, un petit navire y toucha, qui portait deux jeunes princes. C'étaient les fils de ce même Phrixus qui avait été sauvé jadis par le bélier à la Toison d'Or. Par la suite il avait épousé la fille du roi de Colchide. Les deux jeunes gens étaient nés là : ils avaient même joué à la lisière du bois sacré où était suspendue la Toison d'Or !

Quand ils apprirent où allaient les Argonautes, ils s'offrirent à interrompre leur voyage et à rebrousser chemin pour leur servir de guides. Jason accepta avec joie.

Cependant les jeunes princes ne laissèrent pas de le mettre en garde contre les dangers extraordinaires de l'entreprise :

– Le dragon qui garde la Toison d'Or, lui dirent-ils notamment, est un des plus redoutables qui soient. Je crains bien qu'il ne fasse de vous que cinquante bouchées.

– Mes jeunes amis, répondit Jason, vous avez été élevés dans la terreur de ce monstre et il a grandi dans votre imagination. Quant à moi, je crois que c'est simplement un vilain serpent un peu plus gros que les autres. De toute manière, il est trop tard pour reculer : je ne rentrerai pas en Grèce sans la Toison d'Or.

– Nous t'accompagnerons où que tu ailles, Jason ! crièrent les Argonautes d'une seule voix. D'ailleurs nous sommes tous guéris de nos blessures : en route !

MÉDUSE ET AUTRES LÉGENDES DE MONSTRES

Et la galère de bondir à nouveau sur les vagues tandis qu'Orphée chantait en s'accompagnant sur sa harpe. Quelle n'était pas la vertu de ce chant ! Il exaltait si fort le courage des jeunes hommes qu'ils auraient voulu que le dragon fût déjà là pour pouvoir le mettre en pièces.

Un bon vent dans la voile et l'entrain des rameurs les eurent bientôt portés en Colchide.

Le roi Aétès, averti de leur arrivée, convoqua immédiatement Jason à la cour. Il s'y rendit et, du premier coup d'œil, comprit qu'il avait affaire à un second Pélias en méchanceté.

– Sois le bienvenu, brave Jason, lui dit le roi d'un ton doucereux[6]. Mais quelle entreprise me vaut le plaisir de te voir ?

– Grand roi, répondit Jason après une révérence, je suis venu dans le dessein suivant. Le roi Pélias, qui siège indûment[7] sur le trône de mon père, s'est engagé à me remettre sa couronne et son sceptre pourvu que je lui rapporte la Toison d'Or. Je te prie donc humblement de me la laisser emporter.

Le roi ne put réprimer une grimace de rage. Il n'y avait rien dont il fût plus fier que de posséder la Toison d'Or. Que cinquante héros grecs fussent venus pour la lui prendre le mettait absolument hors de lui.

– Sais-tu quelles conditions tu dois remplir, reprit-il d'une voix changée, pour t'emparer de la Toison d'Or ?

---

6. Doucereux : d'une fausse douceur.
7. Indûment : injustement, illégitimement.

LA TOISON D'OR

105 – J'ai entendu parler du dragon qui la garde.

– Oui, reprit le roi avec un méchant sourire, il y a le dragon, jeune homme. Mais pour avoir l'honneur d'en être dévoré, il faut d'abord dompter les taureaux aux pieds d'airain[8] et aux poumons d'airain que Vulcain a 110 forgés pour moi. Comme ils ont une fournaise[9] dans le ventre, ils crachent du feu par leurs naseaux, et quiconque les approche est réduit en cendres. Qu'en dis-tu ?

– J'affronterai le péril, dit calmement Jason.

115 – Une fois que tu les auras domptés, poursuivit le roi Aétès, il faut encore que tu les attelles à une charrue, que tu laboures le sol sacré du bosquet de Mars[10] et que tu y sèmes quelques-unes des dents de dragon avec lesquelles Cadmus[11] fit jadis pousser une armée. Ce sont 120 de farouches guerriers, ces fils de dents de dragon, et je me demande si, à cinquante, vous pourrez faire front à leur multitude.

– J'essaierai de les mettre à la raison[12] comme fit Cadmus, répondit brièvement Jason.

125 – Très bien, dit le roi. En ce cas, tu tenteras ta chance demain.

Et il fit signe que l'audience était terminée.

Comme Jason se retirait, il fut suivi par une belle jeune femme qui avait assisté à l'entretien debout derrière le 130 trône.

---

8. Airain : bronze, alliage de cuivre et d'étain.
9. Fournaise : grand feu.
10. Mars (ou Arès) : dieu de la guerre.
11. Cadmus : fondateur légendaire de la cité de Thèbes en Béotie.
12. Les mettre à la raison : les dompter.

– Je suis la fille du roi, dit-elle, et j'ai nom Médée. Je sais bien des choses que les autres jeunes princesses ignorent. Si tu as confiance en moi, je puis t'apprendre à dompter les taureaux ardents, à semer les dents de dragon et à conquérir la Toison d'Or.

– Ma reconnaissance durera autant que la vie, belle princesse, répondit Jason. Mais d'où tenez-vous le pouvoir de m'aider ? Seriez-vous enchanteresse ?

– Oui, prince Jason, répondit-elle en fixant sur lui des yeux pleins de mystère, je suis une enchanteresse, grâce aux leçons de ma tante Circé[13]. Et, si je voulais, je pourrais te dire qui était la vieille femme au paon que tu portas à travers la rivière, ou encore qui parle par les lèvres de bois de ta figure de proue. Il est heureux que je sois bien disposée envers toi, sinon tu risquerais fort d'être dévoré par le dragon.

– Je me soucie moins du dragon que de ces taureaux ardents, répondit Jason.

– Si tu es aussi brave que je le crois, reprit Médée, ton propre cœur te dira au moment du péril quelle est la seule manière de traiter un taureau furieux. Quant à leur haleine de feu, j'ai ici un onguent[14] qui t'en préservera.

Elle lui donna une petite boîte d'or, lui expliqua comment appliquer l'onguent et lui fixa rendez-vous pour minuit. Puis elle s'en fut.

Jason rejoignit ses compagnons, leur raconta ce qui s'était passé entre lui et la princesse et leur demanda de

---

13. Circé : redoutable magicienne qui transforma les compagnons d'Ulysse en porcs.
14. Onguent : pommade.

LA TOISON D'OR

se tenir prêts à venir à son aide si besoin était. Puis il se frotta le visage et le corps avec l'onguent.

160 À l'heure dite il rencontra la belle Médée sur les degrés[15] de marbre du palais. Elle lui donna un panier où se trouvaient les dents de dragon telles que Cadmus les avait arrachées jadis aux mâchoires du monstre. Puis elle le mena par les rues désertes de la ville jusqu'au pré royal
165 où l'on gardait les deux taureaux aux pieds d'airain.

C'était une belle nuit étoilée et Jason les aperçut au loin, qui se reposaient sur l'herbe. Même à cette distance, on distinguait les quatre jets de vapeur ardente qui s'échappaient de leurs naseaux tandis qu'ils ruminaient.

170 – Tu vas voir comme ils se réveilleront vite quand ils t'auront flairé, dit l'enchanteresse, et de quel train ils courront sur toi. Il faut avouer que c'est bien amusant de voir un jeune homme réduit en un clin d'œil en un petit tas de cendres noires.

175 – Es-tu bien sûre, belle Médée, demanda Jason, que l'onguent me préservera de ces terribles brûlures ?

– Si tu en doutes, si tu as peur le moins du monde, répliqua-t-elle, mieux vaudrait pour toi n'être pas né que de faire un pas de plus.

180 Mais Jason était résolu à conquérir la Toison d'Or ou à périr. Il franchit la clôture et s'avança sans hésitation vers les taureaux.

Presque aussitôt les quatre jets de vapeur se firent plus drus et plus flamboyants. Les taureaux avaient flairé

---

15. Degrés : marches.

MÉDUSE ET AUTRES LÉGENDES DE MONSTRES

185 l'homme dans l'air de la nuit. Ils se levèrent, poussèrent deux terribles rugissements, et leur haleine ardente illumina tout le champ d'éclairs rapides. L'instant d'après, Jason les vit se ruer sur lui, cornes basses, en ébranlant le sol de leurs sabots d'airain.

190 L'herbe brûlait devant eux. L'arbre sous lequel se tenait le héros se mit à flamber comme une torche. Lui-même fut enveloppé de flammes, mais sans ressentir aucune brûlure : l'onguent de Médée faisait son effet.

Quand il se vit à l'épreuve du feu, son courage redou-
95 bla et il attendit les taureaux de pied ferme. Au moment même où ceux-ci s'apprêtaient à le déchirer, il les saisit l'un par une corne et l'autre par la queue et les maintint d'une poigne de fer.

Certes, malgré sa vigueur sans pareille, il n'aurait pu les
200 tenir ainsi longtemps. Mais les taureaux étaient des créatures enchantées. Le charme qui entretenait leur fureur ardente fut rompu lorsqu'ils se virent manier aussi hardiment par Jason. Ils s'immobilisèrent, se firent parfaitement dociles et parurent attendre son bon plaisir.

205 (C'est depuis lors qu'on dit : « Il faut prendre le taureau par les cornes » quand on doit faire face bravement au danger.)

Il y avait là une vieille charrue toute rouillée, car depuis bien longtemps personne n'avait osé labourer ce champ.
210 Jason y attela les deux taureaux et se mit à l'ouvrage. Quand la lune en fut au quart de sa carrière dans le ciel, il avait déjà retourné un grand morceau de terre noire et semé dedans les dents de dragon.

– Faudra-t-il attendre longtemps la moisson ? demanda-t-il à Médée qui l'avait rejoint au bord du champ où il se tenait à présent, immobile.

– Elle viendra tôt ou tard, répondit l'enchanteresse. Il pousse toujours des hommes armés là où l'on a semé des dents de dragon.

La lune était haut dans le ciel quand, à sa lueur, Jason vit soudain miroiter à la surface du champ mille petits objets brillants. C'étaient des pointes de lance qui sortaient peu à peu du sol, suivies d'autant de casques, sous lesquels parurent des visages barbus, puis des épaules. Avec de violents efforts, les guerriers s'arrachèrent à la terre qui les emprisonnait et bientôt, partout où était tombée une dent de dragon, se dressa un homme armé pour le combat.

Ils frappaient leur bouclier de leur épée en faisant un sinistre tintamarre et jetaient des regards farouches autour d'eux comme pour chercher un ennemi à massacrer. Venus au monde pleins de fureur et de haine, ils étaient d'autant plus farouches qu'ils n'avaient jamais eu de mères. Comme un conquérant eût été content d'avoir pareils hommes à lancer sur les pays qu'il convoitait !

– Où est l'ennemi ? Chargeons ! se mirent-ils à crier. Vaincre ou mourir !

Et cent autres cris pareils, tels qu'on en pousse sur les champs de bataille. Ils semblaient les connaître de naissance.

Cependant ils restaient là, impuissants, ne sachant de quel côté s'élancer, sur qui assouvir leur fureur.

MÉDUSE ET AUTRES LÉGENDES DE MONSTRES

Jason, à la vue de tant d'épées nues, avait tiré la sienne. Elle brilla au clair de lune et les guerriers du premier rang l'aperçurent soudain. Un instant après, tous les fils des dents de dragon se ruaient sur notre héros, dans un grand fracas d'épées et de lances, au cri de « Sauvons la Toison d'Or ! ».

Jason savait bien qu'il ne pourrait pas tenir tête, avec sa seule épée, à cette armée d'hommes sanguinaires. Il s'apprêtait à mourir vaillamment quand Médée, ramassant un caillou à terre, lui dit :

– Jette vite cette pierre au milieu d'eux ! C'est la seule façon de te sauver.

Il jeta la pierre de toutes ses forces. Elle alla frapper le casque d'un grand guerrier qui courait sur lui l'épée haute, rebondit sur le bouclier d'un second et atteignit un troisième au visage, juste entre les yeux. Les trois hommes crurent chacun avoir reçu un coup de leur voisin et, au lieu de continuer à courir sur Jason, commencèrent à se battre entre eux. La confusion ne tarda pas à gagner toute l'armée et ils se mirent à frapper d'estoc et de taille[16], faisant voler bras, têtes et jambes de toutes parts.

Jason les regardait avec admiration, car ils accomplissaient vraiment des exploits extraordinaires. En même temps, il ne pouvait pas s'empêcher de rire à la pensée qu'ils étaient en train de se punir les uns les autres d'une offense dont lui-même était l'auteur. En un temps incroyablement court, ils furent tous étendus sur le champ de bataille. Le dernier survivant eut juste la force

---

16. D'estoc et de taille : par la pointe et par le tranchant de l'arme.

d'agiter son épée ensanglantée au-dessus de sa tête en criant : « Victoire ! Gloire immortelle ! » puis il tomba à son tour, son corps sans vie gisant parmi ceux de ses frères.

275 De l'armée surgie des dents de dragon, il ne restait plus un seul homme.

– Grand bien leur fasse ! dit Médée avec un sourire narquois. As-tu rien vu de plus comique, prince Jason, que la vanité superbe avec laquelle s'est écroulé le dernier
280 soldat ?

– Rien de plus triste, plutôt, répondit gravement Jason. Et après ce que je viens de voir, je ne sais plus si j'ai encore très envie de conquérir la Toison d'Or.

– Bah ! répondit-elle, tu penseras autrement au matin.
285 Même si la Toison d'Or n'est pas aussi précieuse que tu l'avais cru d'abord, il faut bien se donner un but dans la vie. Allons, tu pourras dire demain au roi Aétès que tu as rempli la première tâche qui t'était imposée.

290 Le lendemain matin Jason s'en fut au palais. Une fois introduit dans la salle d'audience, il s'avança au pied du trône et fit au roi un profond salut.

– Tu as les yeux battus, prince Jason, observa le roi Aétès. On dirait que tu n'as guère dormi la nuit dernière. J'es-
295 père que la réflexion t'a rendu plus sage et que tu t'es dit qu'il valait mieux ne pas te faire brûler vif en essayant de dompter mes taureaux aux poumons d'airain.

– N'en déplaise à Votre Majesté, répondit Jason, c'est chose faite. Les taureaux ont été domptés et attelés à la

MÉDUSE ET AUTRES LÉGENDES DE MONSTRES

300 charrue, le champ labouré, puis semé de dents de dragon. Les guerriers ont surgi du sol et se sont entretués jusqu'au dernier. Je sollicite de Votre Majesté la permission de rencontrer le dragon, afin de pouvoir prendre la Toison d'Or sur l'arbre et de repartir avec mes quarante-neuf
305 compagnons.

Le roi fronça le sourcil et, pendant quelques instants, garda le silence. Il était à la fois perplexe et furieux. Selon sa promesse, il devait permettre maintenant à Jason de se mesurer avec le dragon. Mais dès lors que le jeune homme
310 avait su échapper au souffle ardent des taureaux comme aux glaives[17] des farouches guerriers, n'allait-il pas être vainqueur et emporter la Toison d'Or ?

– Tu ne serais jamais sorti de l'épreuve, dit-il enfin, si ma fille Médée, oublieuse de ses devoirs, ne t'avait aidé
315 par ses enchantements. Tu as triché, c'est clair, autrement tu ne serais plus qu'un petit tas de cendres. En conséquence, je t'interdis sous peine de mort de chercher à conquérir la Toison d'Or. J'ai dit !

Jason sortit, dépité[18] et plein de colère. Il dégringola les
320 marches du palais, résolu à rassembler ses quarante-neuf braves Argonautes, à marcher sur le bois de Mars et à tuer le dragon.

– Prince Jason, dit une voix.

C'était Médée qui l'appelait et qui lui faisait signe de
325 revenir vers elle. Ses yeux noirs jetaient une lueur si vive, si perçante, qu'on eût dit qu'un serpent regardait au travers.

---

17. Glaives : épées.
18. Dépité : déçu, contrarié.

LA TOISON D'OR

« Elle m'a rendu un grand service la nuit dernière, pensa Jason, mais qui me dit qu'elle ne me jouera pas quelque tour perfide avant le coucher du soleil ? »

330 Avec les enchanteresses, en effet, on ne sait jamais.

– Qu'a dit mon royal père ? demanda Médée avec un léger sourire. S'est-il montré accommodant ? Est-il prêt à te laisser conquérir la Toison d'Or ?

– C'est tout le contraire, répondit Jason. Il est furieux 335 que j'aie triomphé dans la première épreuve et, malgré sa promesse, il refuse absolument de me laisser affronter le dragon.

– Oui, reprit la princesse, je te dirai même plus. Si tu n'as pas repris la mer avant l'aube, le roi a l'intention de 340 brûler ta galère à cinquante rames et de passer au fil de l'épée ses cinquante rameurs. Mais courage ! Tu auras la Toison d'Or si mes enchantements font leur effet, comme j'ai tout lieu de le croire. Attends-moi ici une heure avant minuit.

345 À l'heure dite, Jason et Médée se glissèrent silencieusement, comme la veille, par les rues de la ville endormie, pour gagner le bois sacré où se trouvait la Toison d'Or.

Quand ils traversèrent le pâturage, les taureaux d'airain s'en vinrent vers Jason en meuglant doucement et en 350 tendant vers lui leurs grosses têtes pour qu'il les caressât. Ils étaient parfaitement apprivoisés et la fournaise qu'ils avaient dans le ventre s'était éteinte en même temps que leur fureur. Cela leur rendait la vie beaucoup plus facile, car l'herbe ne s'enflammait plus devant eux. Auparavant 355 ils devaient retenir leur haleine ardente pour pouvoir

105

MÉDUSE ET AUTRES LÉGENDES DE MONSTRES

brouter, et c'était là chose si incommode qu'ils y prenaient plus de peine que de plaisir.

Après avoir flatté les taureaux de la main, Jason suivit Médée au bosquet de Mars. Les chênes, plusieurs fois centenaires, y formaient une ombre si épaisse qu'à peine les rayons de la lune y filtraient-ils de loin en loin. Seule une brise légère qui, de temps à autre, agitait les branches, permettait d'entrevoir par instants le ciel étoilé.

Ils marchèrent en silence, s'enfonçant au cœur des ténèbres.

Soudain Médée pressa la main de Jason.

– Regarde là-bas, chuchota-t-elle. La vois-tu ?

Jason vit sous les chênes comme un rayonnement doré. Ce n'était pas le clair de lune : on aurait dit quelque effet du couchant. Et cela venait d'un objet suspendu à hauteur d'homme, un peu plus avant dans le bois.

– Qu'est-ce ? demanda Jason.

– Es-tu venu la chercher de si loin pour ne pas la reconnaître quand tu la vois ? C'est la Toison d'Or.

Jason s'avança encore de quelques pas, puis s'arrêta pour regarder. Oh ! comme elle était belle, toute rayonnante de sa lumière propre, cette Toison sans prix dont la dangereuse conquête avait coûté la vie à tant de héros !

– Quelle splendeur sans pareille ! s'écria Jason ravi en s'avançant pour la saisir.

– Arrête ! dit Médée en le retenant. As-tu oublié qui la garde ?

En effet, dans sa joie de contempler la Toison d'Or et dans son empressement à s'en emparer, Jason avait bel et bien oublié le dragon. Mais à cet instant il se passa quelque chose qui lui rappela toute l'étendue du péril. Une antilope survint avec des bonds légers. Attirée sans doute par la lumière, elle s'élançait vers la Toison, lorsqu'un terrible sifflement retentit. On vit surgir l'immense tête et la moitié du corps rocailleux[19] d'un dragon enroulé autour du tronc de l'arbre sur lequel brillait la Toison. La tête ouvrit des mâchoires aussi larges que la grande porte du palais du roi, se saisit de l'antilope et l'engloutit.

Après cet exploit, le dragon ne parut ni rassasié ni apaisé. Avait-il flairé quelque chose ? Toujours est-il que la monstrueuse tête, au bout d'un long cou tortueux, se mit à fouiller de toutes parts les buissons, ondulant de droite et de gauche et frôlant parfois le chêne derrière lequel Jason et Médée se cachaient.

Jason tira son épée et fit un pas en avant.

– Arrête, jeune fou ! dit Médée dans un murmure en lui saisissant le bras. Ne vois-tu pas que, sans mon aide, tu es perdu ? J'ai dans cette boîte d'or un philtre[20] magique plus efficace que ton épée.

Le dragon dut entendre la voix de l'enchanteresse car il détendit dans leur direction sa tête noire où vibrait une langue fourchue. Elle s'en vint à travers les arbres, au bout d'un cou de quarante pieds, sifflante et béante. Dès qu'elle approcha du chêne, Médée jeta le contenu de la boîte d'or dans la gorge du monstre. Aussitôt le dragon poussa un sifflement effroyable et se tordit en convulsions, battant

---

19. Rocailleux : ici, couvert d'écailles.
20. Philtre : boisson magique.

MÉDUSE ET AUTRES LÉGENDES DE MONSTRES

l'air et fracassant les arbres de sa queue. Puis il s'affaissa lourdement et resta immobile.

– Ce n'est qu'une drogue assoupissante, dit Médée. Les dragons peuvent rendre des services, aussi n'ai-je pas voulu tuer celui-là. Mais prends vite ton butin, et partons. Tu as conquis la Toison d'Or.

Jason prit la Toison sur l'arbre et s'en fut courant à travers le bois, qu'illuminait son précieux fardeau.

Il ne tarda pas à rencontrer la vieille femme qu'il avait portée à travers le torrent. Son paon l'escortait. À la vue de Jason elle battit des mains de joie et, lui faisant signe de se hâter, disparut sous le couvert des arbres.

Quand il fut sorti du bois, il aperçut au loin sa galère à flot et ses quarante-neuf compagnons assis à leurs bancs, rames en mains. Lyncée, de ses yeux perçants, avait suivi sa course et assisté à son triomphe à travers plusieurs murailles de pierre, une colline et les ombres ténébreuses du bois de Mars. C'est pourquoi l'*Argo* était prêt à partir.

Comme Jason approchait du navire, il entendit la figure de Proue Parlante l'appeler d'un ton plus pressant que de coutume :

– Fais vite, prince Jason ! Il y va de ta vie. Fais vite !

D'un bond il sauta à bord.

À la vue de la Toison d'Or, les quarante-neuf héros poussèrent une grande clameur et Orphée, prenant sa harpe, entonna un chant de triomphe, au son duquel la galère se mit à voler sur les eaux comme à tire-d'aile.

QUESTIONS SUR LA TOISON D'OR (2)

AI-JE BIEN LU ?

1 Cochez les bonnes réponses.

a. Pendant le voyage, Jason et les Argonautes affrontent :
☐ des géants à six bras.
☐ un poulpe venimeux.

b. En Colchide, le roi Aétès :
☐ impose à Jason deux terribles épreuves.
☐ emprisonne Jason dans une caverne magique.

c. Pour réussir sa mission, Jason reçoit l'aide :
☐ de la déesse Minerve.
☐ de la magicienne Médée.
☐ du Chêne Parlant.

d. Jason s'empare de la Toison d'Or :
☐ en tuant le dragon qui la garde.
☐ grâce à un philtre magique.

J'ANALYSE LE TEXTE

Le parcours initiatique de Jason

┌─ INFO+
L'or est un symbole de pureté, de beauté et d'immortalité, car il ne s'oxyde pas comme le fer. Il est associé au pouvoir royal : la couronne du roi est en or.
La forêt représente la nature à l'état sauvage, elle est souvent le lieu de l'épreuve, et symbolise le danger et la peur.

2 Quelle est l'importance du voyage des Argonautes dans la formation du héros ?

3 **a.** Quel objet doit permettre à Jason de devenir roi ? Où se trouve-t-il ? Qui le garde ?

b. Citez une phrase évoquant la beauté fascinante de cet objet (l. 364-380).

CARNET DE LECTURE

QUESTIONS SUR LA TOISON D'OR (2)

4 Jason serait-il arrivé au bout de sa quête sans Médée ? Pour répondre, complétez le tableau.

	Épreuve des taureaux	Épreuve des guerriers	Épreuve du dragon gardien de la Toison d'Or
Actions de Jason	....	....	....
Interventions de Médée	....	....	....

5 Quels personnages reconnaissent la réussite de Jason à la fin du récit ?

Monstres, sorcière et héros

6 Faites la carte d'identité des personnages.
a. Les monstres

Monstres	Caractéristiques
Géants	Taille : .... Particularité : ....
Harpyes	Caractéristique humaine : .... Caractéristique animale : ....
Oiseaux	Particularité qui les rend monstrueux : ....
Taureaux	Haleine : .... Sabots : ....
Guerriers	Naissance et origine : .... Aspect physique : .... Monstres ou humains ? ....
Dragon	Aspect physique : .... Fonction : ....

CARNET DE LECTURE

b. La sorcière et le héros

Personnages	Caractéristiques
Médée	Famille (père, tante) : .... Pouvoirs magiques : ....
Jason	Qualités héroïques : ....

JE FAIS LE BILAN

7 Faites le bilan de votre lecture en indiquant les principales étapes du parcours de Jason, ses adjuvants et ses opposants.

8 Complétez le texte avec les mots-clés suivants :

> dieux   courage   trône   sorcière
>
> terribles   exploits   monstres

Le récit de « La Toison d'Or » ressemble :
– à un conte, car le héros est un jeune homme privé de son
.... ; il va le reconquérir à la suite de ....
épreuves ; il rencontre des ...., des ....
et une .... ;
– à un roman d'aventures, car le héros accomplit avec ....,
des .... lors d'un voyage extraordinaire.

J'ÉTUDIE LA LANGUE

Conjugaison : le présent de l'impératif

9 a. Donnez l'infinitif et le groupe du verbe dans la phrase suivante : « Sauvons la Toison d'Or ! » Puis conjuguez ce verbe à toutes les personnes du présent de l'impératif.

CARNET DE LECTURE

111

QUESTIONS SUR LA TOISON D'OR (2)

b. Relevez d'autres verbes au présent de l'impératif dans les lignes 400 à 419. Dites à quelle personne ils sont conjugués.

Vocabulaire : le féminin des noms en -*eur*

INFO+

Les noms en -*eur* font leur féminin en -*euse* (danseuse) ou -*eresse* (enchanteresse).

« Le dragon dut entendre la voix de l'enchanteresse [...] » (l. 405)

10 **a.** Quel est le masculin du mot « enchanteresse » ?

b. Indiquez le féminin des mots « chasseur », « baigneur », « vengeur », « voyageur ».

J'ÉCRIS

Imaginer une suite

11 Jason arrive au palais du roi Pélias avec la Toison d'Or. Racontez.

AIDE

• Vous pouvez commencer par : « Quatre mois plus tard, Jason était de retour à Iolchos... »
• Imaginez l'accueil que lui réserve la foule.
• Rédigez le dialogue entre Pélias et Jason.

JE M'EXPRIME À L'ORAL

Faire un exposé sur un récit mythologique

12 Faites des recherches par groupes sur les douze travaux d'Hercule. Utilisez un dictionnaire mythologique ou le site Internet mythologica. Chaque élève du groupe présentera devant la classe un des travaux d'Hercule.

BILAN DE LECTURE

JE FAIS LE POINT

1 Associez chaque héros au monstre qu'il affronte.

| Minotaure | Chimère | Dragon | Méduse |

(Persée) (Jason) (Bellérophon) (Thésée)

2 Identifiez chaque monstre.

a. J'ai un corps d'homme et une tête de taureau.
Je suis : ....

b. Ma tête est couronnée d'une chevelure de serpents.
Je suis : ....

c. Je suis un gigantesque serpent à la langue fourchue.
Je suis : ....

d. J'ai trois têtes, une de serpent, une de lion, et la troisième de bouc.
Je suis : ....

3 Reliez chaque monstre à un pouvoir ou un rôle.

Le Minotaure •   • Je réduis tout en cendres.

Méduse •   • Je garde la Toison d'Or.

La Chimère •   • Je dévore ceux qui s'égarent dans ma demeure.

Le dragon •   • Je pétrifie ceux que je regarde.

4 Vrai ou faux ? Cochez la bonne réponse.

Médée joue le rôle :   VRAI   FAUX
– d'adjuvant pour Persée ;   ☐   ☐
– d'opposant pour Thésée.   ☐   ☐

BILAN DE LECTURE

5 Retrouvez, dans cette liste, les trois objets magiques donnés à Persée par les Nymphes :

une épée invincible   une baguette magique   des sandales ailées

une cuirasse qui rend invisible   un onguent paralysant

une besace magique   un casque qui rend invisible

des bottes de sept lieues   une potion magique

6 Quelle est la monture de Bellérophon ? Cochez la bonne réponse.
- ☐ un taureau aux pieds d'airain
- ☐ un cheval noir qui crache du feu
- ☐ un cheval blanc ailé

7 Vrai ou faux ? Cochez la bonne réponse.

	VRAI	FAUX
a. Thésée est :		
– le fils d'une princesse et du roi d'Athènes ;	☐	☐
– le fils d'une reine et de Jupiter.	☐	☐
b. Avant de triompher du monstre, Jason doit :		
– rencontrer trois vieilles femmes ;	☐	☐
– atteler des taureaux enchantés et semer des dents de dragon ;	☐	☐
– construire un bateau.	☐	☐

Médée sur son char (Vᵉ s. av. J.-C.), cratère à figures rouges, Cleveland Museum of Art.

La figure du dragon

Le dragon, une créature légendaire : repères

Les dragons sont des créatures légendaires que l'on retrouve dans de nombreuses mythologies à travers les siècles et le monde. Leurs représentations et leurs fonctions varient selon les civilisations, même si leur apparence reptilienne reste une constante.

Les origines du mythe

Les dinosaures sont-ils à l'origine du mythe des dragons ? L'idée est tentante, tant la ressemblance est grande : les ptérodactyles, par exemple, sont d'énormes reptiles ailés. Mais plusieurs dizaines de millions d'années les séparent des premiers hommes : il est totalement exclu que ces derniers aient pu les voir.

Les dragons semblent donc être sortis de l'imagination des hommes, tout comme les autres monstres ; et de grands reptiles comme les crocodiles pourraient avoir contribué à répandre le mythe dans le monde.

Les plus anciennes traces connues de dragon remontent à 6000 ans environ : en Chine, dans la province du Henan, on a retrouvé dans une tombe, aux côtés du défunt, un dragon dessiné avec des coquillages.

Les représentations

Le dragon est habituellement représenté comme un gigantesque reptile aux pattes armées de griffes, au regard perçant ; vomissant des flammes, il a souvent des ailes et parfois plusieurs têtes.

Les trois Gorgones de la légende de Persée en sont un exemple original de par leur tête de femme (p. 13-14, l. 41-50). Quant à la Chimère terrassée par Bellérophon, c'est un dragon à plusieurs têtes (p. 36, l. 121-126).

Le dragon dans la mythologie gréco-latine

Le nom « dragon » (en grec *drakôn*) est à mettre en rapport avec le verbe grec *drakein* qui signifie : voir, regarder d'un œil perçant. Le terme de *drakôn* désigne dans les textes grecs à la fois le serpent de grande taille et le gardien.

Les dragons gardiens

Les dragons jouent souvent le rôle de gardiens de trésors, de lieux sacrés ou de princesses. Ainsi c'est un **dragon qui gardait la Toison d'Or** dans la forêt de Mars : « On vit surgir l'immense tête et la moitié du corps rocailleux d'un dragon enroulé autour du tronc de l'arbre sur lequel brillait la Toison. » (p. 107).
Python est un dragon qui protégeait une source à Delphes et massacrait bêtes et gens qui s'en approchaient. On le représentait comme un serpent monstrueux. Le dieu Apollon le tua de ses flèches avant de bâtir son propre sanctuaire. En mémoire de Python, il fonda les Jeux Pythiques et la prêtresse d'Apollon se nomme la Pythie.

Eugène Delacroix (1798-1863), *Apollon vainqueur du serpent Python*, détail de la peinture centrale du plafond de la galerie d'Apollon, 1850-1851, musée du Louvre, Paris.

Apollon tuant Python ou Cadmus combattant le dragon (550-540 av. J.-C.), coupe à figures noires, musée du Louvre, Paris.

Le dragon de Thèbes était le gardien établi par le dieu Arès (ou Mars pour les Romains) pour surveiller sa fontaine en Béotie : il tuait toute personne s'en approchant. Cadmus, le héros fondateur de la ville de Thèbes, le terrassa en écrasant sa tête avec une pierre.

Les dragons symboles du chaos

Ces créatures monstrueuses, souvent engendrées par la déesse Terre, Gaïa, vivent dans des cavernes et près des sources. Les dragons appartiennent à un état antérieur du monde, le Chaos ; ils symbolisent la nature sauvage et les forces du mal que le héros ou le dieu doit expulser du monde ou de lui-même pour établir l'ordre et l'harmonie.

Dans les légendes mythologiques, le combat contre le dragon permet au héros de révéler ses qualités ou d'expier ses fautes ; c'est une étape essentielle de son parcours initiatique.

Ainsi Héraclès (ou Hercule) doit accomplir douze travaux après le meurtre de ses enfants, lors d'une crise de folie.

Tuer **l'Hydre de Lerne** est le deuxième de ses douze travaux. L'Hydre était un serpent à plusieurs têtes qui vivait dans le marais de Lerne en Argolide. Son haleine était mortelle.

Héraclès et l'Hydre de Lerne (v. 540-530 av. J.-C.), amphore à figures noires (région d'Athènes), musée du Louvre, Paris.

LA FIGURE DU DRAGON

Nul ne pouvait la vaincre, car chaque fois qu'on lui coupait une tête, deux nouvelles têtes poussaient à sa place. Pour la combattre, Héraclès reçut l'aide de son neveu, Iolaos : ce dernier brûlait les cous de l'Hydre, au fur et à mesure qu'Héraclès en coupait les têtes.

Rapporter les pommes d'or des Hespérides est le onzième des travaux d'Héraclès. Les Hespérides sont trois nymphes qui vivaient dans un jardin fabuleux et gardaient des pommes d'or. **Ladon**, un dragon immortel à cent têtes surveillait l'arbre et les pommes. Héraclès le tua ou l'endormit, puis s'empara des pommes d'or.

Les dragons serviteurs

La déesse Déméter est la déesse de l'agriculture et des moissons. En tant que déesse de la terre, elle garde un lien avec le monde obscur et souterrain. Ainsi elle se déplace sur un char tiré par des dragons ailés. Le dragon peut aussi être au service d'une sorcière ou d'un magicien. L'enchanteresse Médée ne tue pas le dragon qui garde la Toison d'Or mais l'endort, car « Les dragons peuvent rendre des services » ; d'ailleurs, après avoir échoué dans sa tentative de tuer Thésée, elle s'enfuit d'Athènes sur un char auquel sont attelés deux ou quatre dragons (Le Minotaure, p. 56).

▶ QUESTIONS SUR LES IMAGES P. 118

1. a. Identifiez la date et le pays d'origine de chacune des œuvres.

b. Quelle est la technique utilisée ? Distinguez les deux objets réalisés avec cette technique.

2. a. Décrivez les scènes représentées.

b. De quelle couleur sont les personnages et le fond de chacune des œuvres ?

3. Quel dragon vous paraît-il le plus effrayant ? Pourquoi ?

Le dragon dans les légendes nordiques et germaniques

Image du film *Les Vikings* (1958), de Richard Fleischer.

Dans la mythologie nordique et germanique, le dragon est le plus souvent un énorme serpent. C'est sous cette forme qu'il apparaît en figure de proue des navires des Vikings, les fameux drakkars. Le mot « drakkar » vient d'ailleurs du suédois *drake* qui signifie « dragon ». Ces figures de proue étaient destinées à effrayer les ennemis et les mauvais esprits, lorsque les guerriers vikings partaient à la conquête de terres lointaines.

Le dragon nordique est une force maléfique pour les hommes comme pour les dieux : il illustre bien la vision très noire que les peuples du nord de l'Europe avaient du monde et des hommes.

Les dragons gardiens de trésors

Fafnir est le plus connu des dragons de la mythologie nordique : fils d'un sorcier, il a tué son père pour s'approprier un trésor maudit et s'est changé en dragon pour le garder jalousement.

▬ Le jeune Sigurd, ou Siegfried, affronte Fafnir

Chevauchant Grani, le cheval offert par le dieu Odin, et armé de l'épée léguée par sa mère, Siegfried arrive en vue de la caverne du monstre...
Siegfried se dissimula dans une crevasse rocheuse près de la rivière et attendit...
Après deux interminables heures, Fafnir émergea de la grotte. Le dragon était encore plus grand que Siegfried l'avait imaginé, et couvert d'écailles rouge sang. De puissants muscles ondulaient sous sa

peau écailleuse et ses naseaux crachaient des fumées empoisonnées. Siegfried se couvrit le visage tandis que le dragon approchait.

Le monstre traîna son long corps au-dessus de la crevasse. Siegfried surgit du trou et enfonça son épée dans son abdomen mou. La lame pénétra profondément et perfora son cœur, d'où gicla un jet de sang.

« Rrrrrr ! » Avec un terrifiant grondement de douleur, Fafnir se dressa sur ses pattes arrière. Siegfried recula, se cramponnant à son épée ensanglantée.

« Misérable petit humain ! Comment oses-tu me piquer avec ta pathétique aiguille ? rugit-il. Il en faudrait plus pour tuer le puissant Fafnir ! »

Il rugit de nouveau, mais beaucoup plus faiblement ; il était mourant.

Mythes nordiques illustrés, adaptation d'Alex Frith et Louie Stowell, traduit par Claire Lefebvre, © éditions Usborne, 2013.

> ▶ QUESTIONS SUR LE TEXTE
> **1. a.** Décrivez le dragon. Quelle faculté humaine a-t-il gardée ?
> **b.** Vous paraît-il effrayant et maléfique ? Pourquoi ?
> **2. a.** Siegfried est-il courageux ? Justifiez votre réponse.
> **b.** Quel risque prendra-t-il s'il garde le trésor ?

Le dragon de la fin du monde

Jörmungand est un serpent de mer monstrueux. Peu après sa naissance, le dieu Odin le jeta dans la mer qui entoure le royaume des hommes : une sombre prédiction annonçait qu'il causerait le malheur des dieux. Mais le dragon grandit tellement qu'il finit par entourer le monde et se mordre la queue. Thor, le puissant dieu au marteau, l'affronta deux fois, et deux fois il échoua. La troisième fois eut lieu à la fin des temps : Jörmungand surgit du fond de la mer pour combattre les dieux aux côtés des géants ; il mourut sous les coups de Thor qui succomba à son tour, empoisonné par son venin.

Le dragon dans les légendes médiévales

Dragon, illustration extraite du Liber floridus composé par Lambert de Saint-Omer, édition de 1448, musée Condé, Chantilly.

Au Moyen Âge, le dragon prend la forme que nous lui connaissons avec quelques variantes : un serpent monstrueux, aux pattes griffues, aux larges ailes, et qui crache du feu. C'est le cas du monstre affronté par Tristan dans le *Roman de Tristan et Iseut* (adaptation de Joseph Bédier) : « Il avait la tête d'une guivre[1], les yeux rouges et tels des charbons embrasés, deux cornes rouges au front, les oreilles longues et velues, des griffes de lion, une queue de serpent, le corps écailleux d'un griffon[2]. »

Les dragons faiseurs de héros

Dans les romans de chevalerie, la victoire sur un dragon est un exploit qui fait accéder le chevalier au rang de héros ou qui confirme sa valeur : ainsi les deux dragons qui gardaient prisonniers des chevaliers dans le Val sans Retour, sont tués par Lancelot, car il est le meilleur chevalier du monde et le plus loyal en amour.

Le dragon incarnation de Satan

Le christianisme fait du dragon le symbole du Mal : dans la Bible, Satan prend l'apparence d'un serpent monstrueux pour tenter Ève dans le jardin d'Eden.

---

1. **Guivre :** serpent monstrueux.
2. **Griffon :** monstre à corps de lion et à tête d'aigle.

LA FIGURE DU DRAGON

La *Légende dorée* (1261-1266) de Jacques de Voragine raconte de nombreux combats de saints, martyrs ou archanges contre des dragons qui sont l'incarnation du Diable et du paganisme : ainsi Saint Georges, un martyr du IVe siècle, terrasse un dragon et sauve une princesse de Libye d'une mort cruelle ; les habitants de la ville reconnaissants se convertissent au christianisme.

— *Saint Georges et le dragon*, Paolo Uccello

▶ RETROUVEZ CE TABLEAU EN COULEURS SUR LES RABATS DE COUVERTURE

Saint Georges et le dragon (1455-1460), détrempe sur toile, 56,5 x 74 cm, Paolo Uccello (Londres, National Gallery)

▶ QUESTIONS SUR L'IMAGE

1. Identifiez le nom de l'artiste, la date de l'œuvre et la technique utilisée.

2. a. Quels sont les trois personnages représentés ?
b. Décrivez la scène en indiquant ce que vous voyez au premier plan, au second plan, à l'arrière-plan.

3. a. Quelle est la couleur du cheval ? Et celle du dragon ?
b. De quoi chacune d'elle est-elle le symbole ?

4. Les costumes sont-ils ceux de l'époque de la légende ? Pourquoi, à votre avis ?

Le dragon dans les légendes chinoises

Le dragon chinois a l'apparence d'un serpent à la gueule barbue et moustachue ; il n'a généralement pas d'ailes mais des pattes terminées par des serres et une queue allongée. Sa principale source de pouvoir réside dans une grosse perle qu'il porte à son front ou au menton : elle symbolise la connaissance et la sagesse et porte bonheur. En Chine, les dragons sont célébrés au début de l'été : à l'occasion de cette fête, on organise des courses de bateaux en forme de dragon.

Les dragons protecteurs des hommes

En Asie, les dragons sont considérés comme bénéfiques pour les hommes, car ils contrôlent les forces de la nature : chacun des éléments a donc son dragon. S'ils ne sont pas vraiment hostiles, ils peuvent cependant se montrer dangereux en raison de leur force colossale.

« La révolte du jeune Tchang »

Le jeune Tchang est un paysan très pauvre ; révolté par cette injustice, il part en demander la raison au Grand Dieu de l'Ouest. En chemin, il arrive au bord d'un fleuve tumultueux…

– Que faire ? se demandait-il. Me jeter à l'eau ?... C'est la noyade assurée !

Il pensait être seul. Il ne l'était pas. Dans le lit du fleuve, un grand dragon argenté l'observait. Lorsqu'il vit que Tchang s'apprêtait à

LA FIGURE DU DRAGON

faire demi-tour, il se dressa dans un grand jaillissement d'écume. Tchang recula d'un pas, effrayé. Il croyait qu'une montagne surgissait. Quand il vit qu'il avait affaire à un dragon, il fut un peu rassuré. Le seigneur du fleuve, certainement. Il était majestueux. Son corps ruisselait, hérissé de vagues, creusé de tourbillons. Ses longues moustaches étaient ornées de touffes de lotus et sur le front était incrustée une perle étrange. Elle contenait un ciel minuscule où apparaissaient entre les nuages, tantôt le soleil et la lune, tantôt de grands oiseaux qui promenaient les étoiles.

L'animal regardait Tchang d'un air bienveillant.

– On dirait que tu t'apprêtes à commettre une erreur, petit d'homme ! le prévint-il.

Des cascades roulaient dans sa voix et son haleine exhalait le lotus de ses moustaches.

– Que faire d'autre que m'en aller ? répondit Tchang, peiné. Je ne peux pas traverser.

– Et si tu m'expliquais pourquoi tu veux franchir mes eaux ? demanda le dragon.

Alors, Tchang raconta pour la troisième fois sa longue marche, ses étapes, les missions qu'il avait acceptées.

Le dragon écoutait avec intérêt et les étoiles étincelaient dans sa perle. Lorsque le garçon eut terminé, il posa sa patte devant lui, paume ouverte.

Jacques Cassabois, « La révolte du jeune Tchang, conte de Chine »,
Dix contes de dragons, © Le livre de Poche jeunesse, 2007.

▶ QUESTIONS SUR LE TEXTE

1. a. Quelle est la taille du dragon ? Que savons-nous de son aspect physique ?
b. N'est-il qu'un animal ? Quel est son titre ?
2. a. Tchang a-t-il peur du dragon ?
b. Le dragon joue-t-il le rôle d'opposant ou d'adjuvant dans la quête du héros ?

Godzilla, un monstre moderne

Création, étymologie et représentation

Godzilla est un monstre du cinéma japonais très populaire. Il a été créé en 1954 par Tomoyuki Tanaka et le studio Toho. Godzilla est devenu un véritable mythe moderne qui a inspiré nombre de films, séries télévisées, dessins animés, mangas et jeux vidéo.

Le nom d'origine japonaise est formé de deux autres mots qui signifient « gorille » et « baleine », en référence à sa taille et à ses origines aquatiques.

L'apparence de Godzilla varie d'un film à l'autre, et s'inspire de celle de différents dinosaures. Il ressemble donc par là aux dragons asiatiques : de taille gigantesque, il a des écailles rugueuses, une queue puissante et dentelée et de longues épines dorsales ; il se tient droit sur ses pattes postérieures.

Un monstre ambigu

Le terrifiant monstre endormi au fond des mers depuis des millénaires, a été exposé aux radiations lors d'essais nucléaires dans l'océan Pacifique ; réveillé pour le malheur des hommes, il vient les terroriser.

À l'origine, Godzilla était le symbole de la peur du nucléaire dans le Japon d'après-guerre traumatisé par la bombe atomique d'Hiroshima. Mais au fil du temps, la nature de Godzilla a changé : de monstre destructeur, il peut devenir personnage héroïque, surtout si le film est destiné à un jeune public.

Deux films emblématiques

Godzilla, film de 1998, réalisé par Roland Emmerich, présente Godzilla comme un monstre destructeur (voir photogramme ci-dessous). Au contraire, *Godzilla*, film de 2014, réalisé par Gareth Edwards, montre Godzilla comme un monstre protecteur de la Terre qui se bat contre d'autres monstres destructeurs (voir affiche ci-contre).

▶ RETROUVEZ L'AFFICHE DU FILM DE 2014 EN COULEURS SUR LES RABATS DE COUVERTURE

Godzilla, film de Roland Emmerich (1998).

▶ QUESTIONS SUR LES IMAGES
1. De quels films les images sont-elles tirées ?
2. a. Décrivez Godzilla. Est-il effrayant ?
b. Quels éléments du dragon retrouvez-vous ?
3. a. Dans quel décor évolue-t-il ?
b. Comment le décor valorise-t-il sa taille ?

INDEX

Les notions

Le récit mythologique	27	Le champ lexical	47
Le héros	27	Le parcours	
Adjuvants et opposants	27	initiatique	57, 73, 91, 109
Les êtres hybrides	46	L'épopée	74, 75

Les exercices sur la langue

Le présent de narration	29	Le passé simple et l'imparfait	75
Les mots de la légende de Méduse	30	Les expressions héritées de l'Antiquité	76
Les expansions du nom	47	Le présent de l'impératif	111
Autour du mot « chimère »	48	Le féminin des noms en *-eur*	112

Les exercices d'écriture et d'expression orale

Écrire le récit d'un combat	30	Réécrire un texte	
Lire à plusieurs voix	30	en changeant de narrateur	76
Préparer un exposé	30	Imaginer une suite	112
Décrire un monstre	48	Faire un exposé	112

TABLE ICONOGRAPHIQUE

Couverture : ph © Rabatti & Domingie / Akg-Images
Rabat avant
1 : ph © Bridgeman Images
2 : © Musée des beaux-arts de Montréal
2 à 127 : *Vase à parfum en terre cuite, 620–590 avant J.-C.* © Metropolitan Museum of Art, New York
11 : ph © René-Gabriel Ojéda / RMN-Grand Palais
36 : ph © Gianni Dagli Orti / Aurimages
51, 115, 122, 124 : ph © Bridgeman Images
87 : Coll. British Museum, Londres
117 : ph © Angelo / Leemage
118-h : ph © Josse / Leemage
118-b : ph © Hervé Lewandowski / RMN-Grand Palais (musée du Louvre)

120 : ph © The Granger Collection, NY / Aurimages
123, rabat arrière : ph © National Gallery Photographic Department / The National Gallery, Londres, Dist. RMN-Grand Palais
127-h, rabat arrière :© Warner Bros.
- Legendary Pictures - Disruption Entertainment - Toho Company / DR – Coll. Prod DB
127-b : © Tristar / DR – Coll. Prod DB

Droits réservés (DR) : malgré nos efforts, il nous a été impossible de joindre les ayants-droit de certains documents, pour solliciter l'autorisation de reproduction, mais nous avons naturellement réservé en notre comptabilité des droits usuels.

Iconographie : Hatier Illustrations
Graphisme : Mecano – Laurent Batard
Mise en pages : Alinéa
Édition : Clothilde Diet
Schémas : Vincent Landrin
Carte : Légendes cartographie
Illustrations : Patrick Deubelbeiss
Achevé d'imprimer en Espagne par CPI Black Print
Dépôt légal 04581-1/04 - Juin 2022

PAPIER À BASE DE FIBRES CERTIFIÉES

Hatier s'engage pour l'environnement en réduisant l'empreinte carbone de ses livres. Celle de cet exemplaire est de : 300 g éq. CO_2
Rendez-vous sur www.hatier-durable.fr